RK-021

MASSIMILIANO AFIERO

I PANZER DELLA LEIBSTANDARTE 1940-1945

I Panzer della Leibstandarte

I panzer della Leibstandarte 1940-1945 - di Massimilliano Afiero. RK021 Prima edizione Giugno 2025
by Luca Cristini Editore per i tipi Soldiershop - Ritterkreuz Special.
Cover & Art Design by Soldiershop factory. ISBN code: 979125589-2502 Tavole dei carri di Luca Cristini ©
First published by Luca Cristini Editore, copyright © 2025. No part of this publication may be reproduced, stored in a retrieval system or transmitted by any form or by any means, electronic, recording or otherwise without the prior permission in writing from the publishers. The publisher remains to disposition of the possible having right for all the doubtful sources images or not identifies.
Visit www.soldiershop.com to read more about all our books and to buy them.

In merito alle serie Ritterkreuz e The Axis Forces ecc. l'editore Soldiershop informa che non essendone l'autore ne il primo editore del materiale pervenuto per la stesura del volume, declina ogni responsabilità in merito al suo contenuto di testi e/o immagini e la sua correttezza. A tal proposito segnaliamo che la pubblicazione Ritterkreuz tratta esclusivamente argomenti a carattere storico-militare e non intende esaltare alcun tipo di ideologia politica presente o del passato cosi come non intende esaltare alcun tipo di regime politico del secolo precedente ed alcuna forma di razzismo.

Massimiliano Afiero

I Panzer della Leibstandarte

Il *PzKpfw.IV* '521' impegnato in combattimento durante l'operazione *'Zitadelle'* (NA).

I Panzer della Leibstandarte 1940-1945

La *Leibstandarte Adolf Hitler* fu la prima unità della *Waffen-SS* e fu anche una delle prime divisioni SS ad essere dotata di mezzi corazzati fin dal 1940, durante la sua riorganizzazione dopo la campagna di Francia, quando gli furono assegnati alcuni cannoni d'assalto che ebbero il battesimo di fuoco durante la campagna balcanica nella primavera del 1941 per essere impegnati in seguito anche nelle prime fasi dell'operazione Barbarossa sul fronte meridionale russo. Con la nuova riorganizzazione dell'unità in divisione di granatieri corazzati nell'autunno del 1942, l'unità fu dotata di un reggimento corazzato completo, equipaggiato con *PzKpfw.III* e *PzKpfw.IV* ed anche una compagnia pesante corazzata equipaggiata con i nuovi *PzKpfw.VI 'Tiger I'*. I nuovi reparti corazzati della divisione parteciparono quindi ai furiosi combattimenti per la riconquista di Kharkov e Bjelgorod e la successiva offensiva contro il saliente di Kursk. Trasferita nell'estate del 1943 in Italia per l'improvvisa defezione italiana, la divisione di Sepp Dietrich dopo essere stata impegnata a disarmare le truppe del Regio Esercito e in alcune operazioni antipartigiane in Istria, ritornò sul fronte dell'Est, per essere impegnata in nuovi e duri combattimenti offensivi e difensivi. In questo periodo, il reggimento corazzato ricevette i nuovi carri *Panther*. I *Panzer* e gli uomini della *Leibstandarte* contesero ogni palmo di terreno ai sovietici con caparbietà e determinazione, meritandosi la concessione di numerose decorazioni al valore. Dopo i combattimenti sul fronte dell'Est, nell'area di Berditchev e Vinnitza, i reparti SS nella primavera del 1944 furono trasferiti in Belgio per una nuova riorganizzazione e soprattutto per essere impegnati come forza di contrasto per l'imminente sbarco alleato sul continente. Nel giugno 1944, la divisione fu quindi trasferita nell'area di Caen dove si stavano già battendo i reparti della *Hitlerjugend*, per contrastare l'offensiva degli alleati. Nell'agosto del 1944 I reparti corazzati della divisione parteciparono alla controffensiva su Mortain per poi ripiegare verso est, battendosi duramente per uscire dalla sacca di Falaise. Dopo essersi ritirati in Germania, dopo una nuova e breve riorganizzazione, i reparti SS parteciparono all'offensiva nelle Ardenne, con il *Kampfgruppe Peiper* punta della lancia. Terminata l'offensiva, la divisione nel gennaio del 1945 fu trasferita sul fronte ungherese partecipando alle ultime azioni offensive tedesche della guerra, per poi ripiegare in Austria.

Massimiliano Afiero

Il *PzKpfw.IV '618'* della *Leibstandarte* a Piazza Duomo a Milano, estate 1943 (NARA).

Cap. I) I cannoni d'assalto della LSSAH

Alla fine della campagna di Francia nel 1940, i reparti della *Leibstandarte Adolf Hitler*[(1)] furono trasferiti nell'area di Metz, poiché l'unità, in quel momento con lo status di reggimento, doveva essere trasformata in una nuova Brigata motorizzata della *Waffen-SS* per ordine di Hitler, che il 6 agosto firmò un decreto per il suo rafforzamento. Il 19 agosto 1940 la nuova Brigata fu ufficialmente denominata come *Verstärkte*[(2)] *Leibstandarte SS Adolf Hitler*, con tre nuovi battaglioni fucilieri, un battaglione armi pesanti, un reggimento di artiglieria ed un battaglione esploratori. In particolare, al battaglione armi pesanti furono assegnati sei cannoni d'assalto, *StuG III Ausf A*, che andarono a formare una batteria di cannoni semoventi, la *Panzer-Sturm-Batterie*, agli ordini dell'*SS-Hstuf*. Georg Schönberger[(3)].

Uno dei primi *StuG.III* consegnati alla *Leibstandarte* nel 1940 (*Bundesarchiv*).

Uno *StuG.III* della *Leibstandarte* in un villaggio greco.

All'inizio del 1941, l'unità fu rinominata come *4.(StuG) Kompanie bei V.(schweren) Bataillon LSSAH*. Al comando di uno dei cannoni d'assalto, anche l'*SS-Uscha*. Michael Wittmann[(4)]. I cannoni d'assalto della *Leibstandarte* furono impegnati per la prima volta durante la campagna nei Balcani, sul fronte greco. Terminate le operazioni, nel maggio 1941 i reparti furono trasferiti a Brno, nel Protettorato di Boemia e Moravia, dove l'unità doveva essere trasformata in divisione.

I Panzer della Leibstandarte

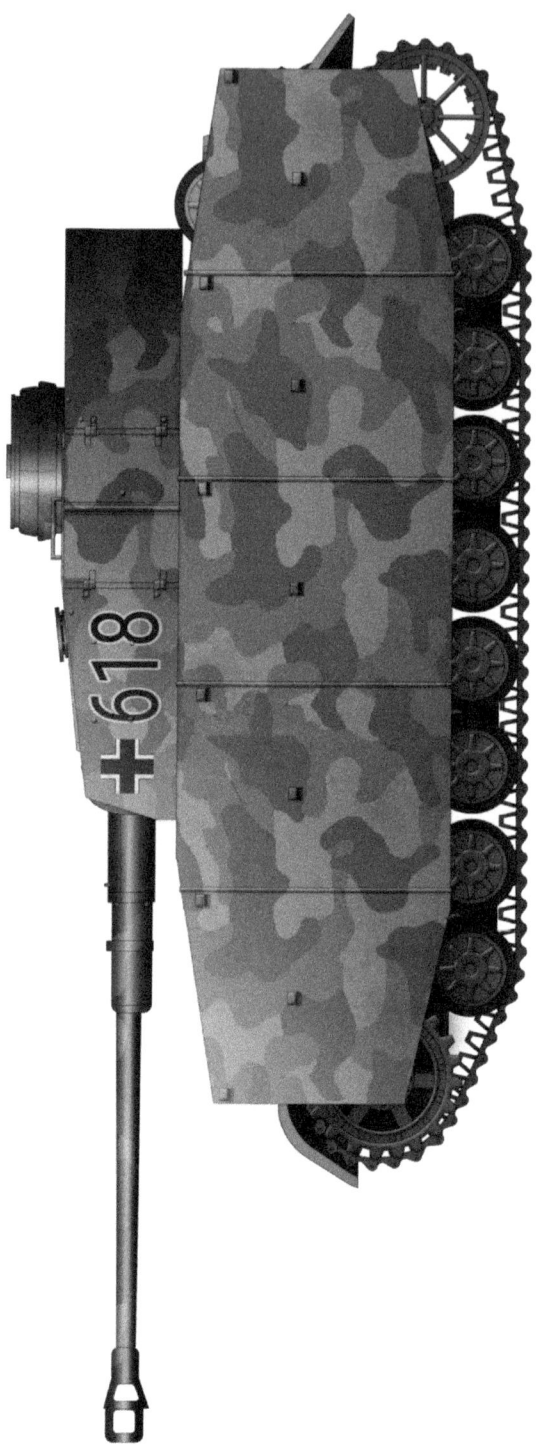

PzKpfw IV Ausf. H (Sd.Kfz. 161-2), SS-Pz.Rgt. 1, SS-Pz.Gren. Div. "LSSAH", Milano, Italia, settembre 1943

Tra i nuovi reparti anche l'*Abteilung 'Schönberger'*, ancora agli ordini dell'*SS-Stubaf*. Schönberger, creato a partire dai reparti 'cingolati' del battaglione pesante: i cannoni d'assalto della *4.(Stug.)Kp.*, passata agli ordini dell'*SS-Ostuf*. Emil Wiesemann[5] e i caccia carri *Marder I* della *Panzerjäger-Kompanie (Sfl.)*.

SS-Stubaf. Schönberger.   Uno dei primi esemplari di *StuG.III* Ausf. B in addestramento.

Uno *StuG.III* e soldati della *LSSAH* per le strade di Mariupol.

Un cannone d'assalto della *Leibstandarte* dentro Taganrog.

Fronte dell'Est

I cannoni d'assalto della *Leibstandarte* parteciparono nell'estate del 1941 all'invasione del territorio sovietico, distinguendosi nel corso dei combattimenti per l'annientamento della sacca di Uman nel luglio del 1941, poi a Melitopol a settembre, a Mariupol e Taganrog nel corso del mese di ottobre. Proprio dopo la conquista di Taganrog con i reparti in marcia in direzione di Rostov, il 26 ottobre, il *II./LSSAH* lanciò un attacco per tentare di conquistare delle posizioni nemiche: fu solo grazie all'appoggio dei cannoni d'assalto della *Leibstandarte*, che la *7.Kp./LSSAH* dell'*SS-Hstuf*. Sandig, riuscì a penetrare le linee sovietiche a sud della gola di Tschaptschach, cogliendo di sorpresa due compagnie nemiche che si arresero in massa. Il 28 ottobre, i sovietici attaccarono nuovamente le posizioni del *II./LSSAH*, ma furono ancora una volta respinti grazie anche all'intervento dei cannoni d'assalto di Emil Wiesemann.

Soldati e cannone d'assalto della *Leibstandarte* durante I combattimenti a Taganrog (NARA).

Uno *StuG.III* della *LSSAH* in marcia verso Rostov, 1941.

In seguito, i cannoni d'assalto della *Leibstandarte Adolf Hitler* furono impegnati duramente nel corso dei combattimenti per la conquista di Rostov sul Don nel novembre 1941. In particolare, si distinse il plotone di quattro *StuG III*, agli ordini dell'*SS-Ustuf.* Georg Isecke, capace di risolvere diverse situazioni critiche in soccorso ad altri reparti tedeschi, insieme alla 11.Kp./LSSAH agli ordini dell'*SS-Ostuf.* Joachim Peiper e qualche carro del *Panzer-Regiment 4*. All'inizio di dicembre, l'*Abteilung 'Schönberger'* fu impegnato a coprire il ripiegamento dei reparti verso la linea del Mius, dove la divisione rimase per tutto l'inverno, in posizione difensiva, respingendo gli attacchi sovietici fino alla primavera del 1942. Il 26 dicembre 1941, l'*SS-Sturmbannführer* Georg Schönberger fu decorato con la Croce Tedesca in Oro per l'eccellente guida sul campo della sua unità corazzata.

I Panzer della Leibstandarte

Un cannone d'assalto della *Leibstandarte* in combattimento nell'area di Rostov, 1941.

Soldati e *StuG.III* della *LSSAH* nei pressi della stazione di Rostov.

Note

(1) Per la storia completa dell'unità, si legga la storia divisionale completa della *Leibstandarte* in due volumi dello stesso autore. Vedi Bibliografia.

(2) L'aggettivo *Verstärkte* (rinforzata) non piacque al comandante Sepp Dietrich, che il 5 settembre 1940 ordinò che non fosse più utilizzato.

(3) Georg Schönberger, nacque il 21 febbraio 1911 a Monaco, SS-Nr. 1 351. Dopo aver frequentato la *SS-Junkerschule* di Bad Tölz, fu assegnato alla *Leibstandarte*. Nell'aprile del 1936, grazie alla disponibilità di alcune autoblindo, fu posto agli ordini di un plotone motorizzato.

(4) Per la biografia completa e la carriera militare di Michael Wittman, si legga il libro scritto dallo stesso autore. Vedi Bibliografia.

(5) Emil Wiesemann, nato l'11 settembre 1914 a Berlino, SS-Nr. 54 514. Entrò nella *Stabswache* l'8 luglio 1933. Dopo un corso alla scuola di fanteria di Döberitz, servì come comandante di plotone in una compagnia di mitragliatrici. Dal febbraio 1940 fu inviato alla *SS-Junkerschule* di Braunschweig, diventando *SS-Ustuf.* nella *SS-StuG.-Batterie 'LSSAH'*. Durante la campagna balcanica si distinse alla guida del plotone di cannoni d'assalto, ricevendo la Croce di Ferro di Seconda Classe. Il 7 maggio 1941 fu promosso *SS-Obersturmführer*.

Stug III Ausf.B (Sd.Kfz.142) Russia inverno 1941 42

I Panzer della Leibstandarte

StuG III Ausf.D Russia 1942

I Panzer della Leibstandarte

Cap. II) Il reggimento corazzato

Il 15 maggio 1942, il comando operativo dell'OKW trasmise i nuovi ordini del *Führer* in merito alla riorganizzazione della *LSSAH* già nel settore di Mariupol ed alla costituzione di un corpo di armata motorizzato della *Waffen SS*, che doveva comprendere le prime tre divisioni SS. Tra il 1° giugno ed il 2 luglio, i reparti della *Leibstandarte* furono messi a riposo nel settore di Mariupol, in riserva alla *1.Panzer-Division*. Il 10 luglio 1942, giunse infine l'ordine di trasferimento sul fronte occidentale, dove Hitler temeva un possibile sbarco degli inglesi sulla costa atlantica. I reparti della *Leibstandarte* furono trasferiti quindi nell'area ad est di Parigi. Il trasferimento dei reparti SS in Francia rientrava nei piani tedeschi di riorganizzare le prime tre divisioni SS, *Leibstandarte*, *Das Reich* e *Totenkopf*, in delle nuove *Panzergrenadierdivisionen* della *Waffen SS*, con l'aggiunta di un reparto corazzato per ciascuna unità, oltre ad una compagnia pesante equipaggiata con i nuovi carri *Tigre*. Mentre era ancora sul fronte dell'Est, la divisione iniziò subito la formazione di nuovi reparti per la nuova struttura e la motorizzazione dell'unità.

Uno dei nuovi *StuG.III Ausf F* assegnati alla divisione, 1942.

Schönberger e Dietrich.

Croci di Ferro a membri dell'*SS-StuG.-Abt. 'LSSAH'* (NA).

In particolare, l'*SS-Abteilung 'Schönberger'* doveva essere trasformato in un nuovo gruppo di cannoni d'assalto, l'*SS-Sturmgeschütz-Abteilung 'LSSAH'* con due nuove batterie formate a partire fin dal 1° marzo 1942. La nuova unità comprendeva quindi in totale tre batterie, ciascuna con sette *StuG.III*. Nello stesso tempo, il personale dello Stato Maggiore dell'*ex-Abteilung 'Schönberger'* servì da nucleo sia per la

Stug III F - Fronte orientale durant i test di addestramento nel 1942

formazione del nuovo reparto corazzato divisionale sia per lo stesso gruppo di cannoni d'assalto.

Per fornire gli effettivi mancanti al *I.Panzer-Abteilung*, l'ex-*SS-Panzer-Abteilung 'LSSAH'*, l'*SS-Stubaf.* Schönberger trasferì i quadri ed il personale dei cannoni d'assalto che egli conosceva molto bene. E così il comandante dell'*SS-Stutmgeschütz-Abteilung 'LSSAH'*, l'*SS-Stubaf.* Max Wünsche, lasciò la sua unità insieme a molti ufficiali e degli uomini con grande esperienza. Nella foto, scattata nella primavera del 1942 sul fronte russo, l'*SS-Ogruf.* Sepp Dietrich con ufficiali dell'unità dei cannoni d'assalto della *Leibstandarte* tra cui Heinz von Westernhagen, Emil Wiesemann, Max Wünsche e Karl Rettlinger (*Bundesarchiv Bild 101III-Gayk-006-07A*).

SS-Ostuf. Ralf Tiemann.

Formazione del Panzer-Abteilung

Già dal febbraio 1942, mentre i reparti della *LSSAH* erano ancora sul fronte dell'Est, era iniziata presso il campo di Wildflecken, la formazione di un battaglione corazzato per la *Leibstandarte*. L'ordine di formazione ufficiale risaliva al 24 gennaio 1942. Il personale fu reclutato in seno alla stessa unità ma anche da altri reparti di rincalzo e addestramento ed inizialmente raggruppato a Lichterfelde. L'*SS-Panzer-Abteilung 1* fu posto inizialmente agli ordini dell'*SS-Stubaf.* Wilhelm Mohnke, sostituito già dal 20 febbraio 1942, dall'*SS-Stubaf.* Schönberger. Il reparto doveva essere strutturato su tre compagnie ed una compagnia comando. Al comando della *1.Pz.Kompanie* fu posto l'*SS-Hstuf.* Manfred Schmidt, della *2.Pz.Kompanie*, l'*SS-Ostuf.* Ludwig Lamprecht

Sepp Dietrich e l'*SS-Hstuf.* Max Wünsche, primavera 1942.

Estate 1942: alcuni *PzKpfw.IV Ausf. F2* della *3.Pz.Kp.* in addestramento in Francia, nell'area di Parigi. In primo piano l'*SS-Stubaf.* Georg Schönberger.

Altri *Pzkpfw.IV Ausf F2* della *2.Pz.Kp.* in addestramento.

della *3.Pz.Kp.*, l'*SS-Ostuf.* Ralf Tiemann. Le compagnie corazzate furono equipaggiate con carri *PzKpfw IV* con cannone da 75mm corto, ma includevano anche dei plotoni leggeri equipaggiati con con carri *PzKpfw II*. Il 13 aprile, i reparti furono trasferiti per completare l'addestramento, al campo di Sennelager, vicino Paderborn in Vestfalia. Il 13 giugno 1942, il *1.Zug* della *3.Pz.Kp.* fu equipaggiato con nuovi *PzKpfw IV F2* con cannone da 75mm L43. Il *2.Zug* della stessa compagnia rimase con i suoi *Pz IV* con cannone corto da 75mm L24. Il 20 giugno, dopo la visita dell'*SS-Ogruf.* Dietrich ed una seduta di addestramento con munizioni vere, la formazione del battaglione fu ritenuta completata, quindi l'unità era pronta per il trasferimento sul fronte dell'Est. Il suo trasferimento nell'area di Melitopol durò però poco, visto che tutti i reparti della *Leibstandarte*, dalla metà di luglio furono trasferiti in Francia. L'*SS-Pz.Abt. 1*, in particolare, nell'area di Melun, a sud di Parigi. Il 29 luglio, i reparti corazzati della *Leibstandarte* sfilarono per Parigi, davanti a von Rundstedt, Hausser e Dietrich. Il giorno dopo, raggiunsero la loro nuova destinazione, la caserma pionieri di Evreux, dove riprese l'istruzione dei reparti. Il 10 ottobre, l'*SS-Pz.Abt. 1* lasciò Evreux per trasferirsi nel settore di Orbec, venti chilometri a sud-ovest di Lisieux: i reparti si acquartierarono nel castello di Mervilly. Il 14 ottobre, l'*SS-FHA* emise l'ordine per la formazione di un secondo battaglione corazzato per la *Leibstandarte*, nell'ambito della creazione di un intero reggimento corazzato. Il comando del reggimento fu assegnato allo stesso *SS-Stubaf.* Georg Schönberger.

PzKpfw.IV Ausf. **F2 della *3.Pz.Kp.* in addestramento in Francia, nell'area di Parigi, estate 1942.**

SS-Ustuf. Georg Isecke.

La costituzione del secondo battaglione portò a numerosi cambi al comando dei vari reparti: ad esempio, il comandante della *3.Pz.Kp.*, l'*SS-Ostuf.* Ralf Tiemann, diventò aiutante di reggimento (*Regimentsadjutant*) e la sua compagnia passò all'*SS-Ostuf.* Waldemar Schütz. Il nuovo battaglione venne formato con elementi dell'*SS-StuG.Abt.1* nella caserma di Evreux. L'*SS-Stubaf.* Max Wünsche, fino ad allora comandante di quest'ultima unità, assunse il comando del battaglione (*I.Abteilung*), designando come suo aiutante l'*SS-Ustuf.* Georg Isecke. Era stato previsto di strutturare il battaglione su tre compagnie medie (*mittleren Panzerkompanien*) con ciascuna compagnia formata da un *leichter Zug* (plotone leggero) con quattro *Pzkpfw III Ausf L* (*Sd.Kfz.141*) e due *mittlere züge* (plotoni medi) con quattro *PzKpfw IV* (*Sd.Kfz.161*) ciascuno. Il comando della *1.Pz.Kp.* fu affidato all'*SS-Hstuf.* Arnold Jürgensen, la *2.Pz.Kp.* all'*SS-Ostuf.* Wilhelm Beck e la *3.Pz.Kp.* all'*SS-Hstuf.* Ludwig Lamprecht. Il vecchio *SS-Pz.Abt. 1*, divenne così il *II./SS-Pz.Rgt.1* agli ordini dell'*SS-Stubaf.* Martin Gross: le sue tre *Panzerkompanien* esistenti, furono rinumerate, diventando così la *5.*, *6.* e *7.Pz.Kp.* Al comando della *5.Pz.Kp.* rimase l'*SS-Hstuf.* Manfred Schmidt, alla *6.Pz.Kp.*, subentrò l'*SS-*

I Panzer della Leibstandarte

SS-Stubaf. **Martin Gross.**

SS-Hstuf. **Heinz Kling.**

Ostuf. Hans Pfeiffer ed alla *7.Pz.Kp.*, l'*SS-Ostuf.* Waldemar Schütz. In seguito alle disposizioni per la nuova struttura delle tre *mittleren Panzerkompanien* del *II./SS-Pz.Rgt.1*, ciascuna delle quali doveva comprendere un *leichter Zug* su *PzKpfw III* e due *mittlere Züge* su *PzKpfw IV*, i plotoni leggeri equipaggiati con i *Panzer II Ausf. F* furono distaccati dalle compagnie e trasferiti agli stati maggiori dei due battaglioni e del reggimento. Inoltre, i sei *PzKpfw IV Kwk 75* a cannone corto ancora presenti nella *7.Pz.Kp.* furono trasferiti ad un reparto di Polizia tedesca.

La Schwere Kompanie

Nell'ambito della formazione del primo corpo corazzato SS, era stata anche programmata la formazione di un battaglione corazzato pesante, equipaggiato con i nuovi carri *Tigre*, presso il campo di Fallingbostel nell'autunno del 1942. Tutte le tre divisioni SS, *Leibstandarte*, *Das Reich* e *Totenkopf*, fornirono il personale. Alla fine però la formazione del battaglione fu rinviata a causa della mancanza di un numero sufficiente di carri *Tigre* e quindi fu deciso di assegnare a ciascuna delle tre divisioni almeno una compagnia *Tigre*. La compagnia pesante per la *Leibstandarte*, posta agli ordini dell' *SS-Hstuf.* Heinz Kling, venne formata ed addestrata sempre a Fallingbostel. Il personale fu prelevato non solo dal *Panzer Regiment* della *LAH*, ma anche dal gruppo di cannoni d'assalto. La *schwere Kompanie* dell'*SS-Panzer Regiment 1*, comprendeva tre plotoni pesanti, equipaggiati con quattro carri *Tigre* ciascuno ed un plotone leggero, equipaggiato con cinque carri *Pzkpfw III*. La compagnia comprendeva un totale di 306 uomini, ufficiali, sottufficiali e truppa, con un parco veicoli di 119 mezzi, carri inclusi. Come aiutante di Kling, c'era l'*SS-Ostuf.* Waldemar Schütz, che durante la fase di addestramento, fu al comando del primo plotone della compagnia. Il secondo plotone era invece agli ordini dell'*SS-Ustuf.* Hannes Philipsen, mentre il terzo era agli ordini dell'*SS-Ustuf.* Helmuth Wendorff. Il plotone leggero, equipaggiato con cinque carri *Pzkfw III*, fu assegnato all'*SS-Ustuf.* Michael Wittmann: dopo essere stato decorato con la Croce di Ferro di Prima Classe nel settembre del 1941, promosso *Oberscharführer*, Wittmann era stato inviato a seguire il corso per aspiranti ufficiali presso l'accademia SS di Bad Tölz. Il compito principale del plotone leggero di Wittmann era quello di proteggere i *Tigre* da attacchi a corto raggio, provenienti da reparti anticarro o di fanteria nemici. Le operazioni offensive erano secondarie, il plotone doveva servire da schermo difensivo per i *Tigre*.

Equipaggi di carri *Tigre* durante una seduta di addestramento, autunno 1942.

SS-*Ustuf.* Michael Wittmann.

I *Panzer III* erano armati con il cannone lungo da 50mm con piastre di rinforzo protettive allo scafo ed alla torretta. Il carro di Wittmann aveva il numero di identificazione (*Turmnummer*) '4L1'. Al comando degli altri carri c'erano l'*SS-Oscha.* Max Marten (4L2), l'*SS-Uscha.* Franz Staudegger (4L3), l'*SS-Scharführer* Georg Lötzsch (4L4) e l'*SS-Unterscharführer* Schwerin (4L5).

Addestramento e formazione dei reparti

Il 20 ottobre 1942, l'*SS-Stubaf.* Schönberger fu ufficialmente posto al comando del *Panzer-Regiment 'LSSAH'*. I tre comandanti di compagnia del *I./SS-Pz.Rgt. 'LSSAH'*, l'*SS-Hstuf.* Arnold Jürgensen, l'*SS-Hstuf.* Lamprecht e l'*SS-Ostuf.* Wilhelm Beck, parteciparono ad un corso speciale per comandanti di compagnia che iniziò il 2 novembre presso la *Panzertruppen-Schule* dell'esercito di Wünsdorf e che terminò il 7 dicembre. Il 22 novembre, la *SS-Division (mot.) 'Leibstandarte SS Adolf Hitler'* diventò ufficialmente la *SS-Panzer-Grenadier-Division 'Leibstandarte SS Adolf Hitler'*. L'istruzione dei reparti corazzati proseguì sempre più speditamente, in particolare nei ranghi del *I.Panzer-Abteilung* dell'*SS-Stubaf.* Wünsche, che era stato formato più tardi e il cui personale doveva ancora familiarizzare con i nuovi materiali e le nuove dottrine di impiego. L'*SS-Hstuf.* Heinz Kling assunse ufficialmente il comando della *4.(schwere) Panzer-Kompanie* il 24 dicembre anche se ricopriva questo incarico fin dal 2 dicembre. A partire dal 20 dicembre, alcuni *Bordführer* (comandanti di carro) e *Fahrer* (piloti di carro) furono inviati alla fabbrica *Henschel-und Wegmannwerk* di Cassel per un corso di istruzione tecnica.

Un carro *Tigre* della prima generazione appena uscito dalla fabbrica e pronto per la battaglia.

Il 30 dicembre 1942, l'*SS-Panzer-Korps* e la *SS-Panzer-Grenadier-Division 'LSSAH'* ricevettero l'ordine di raggiungere il settore del Donetz, sul fronte dell'Est. I carristi dell'*SS-Panzer-Regiment 'Leibstandarte'* dovevano ricevere il loro equipaggiamento invernale completo e preparare i veicoli per l'impiego in Russia.

Per la *4.(schwere) Kp.*, i suoi 10 *Tiger* e i 15 *Panzer III* gli furono consegnati solo il 21 gennaio 1943: furono assegnati 3 esemplari di ciascun modello per plotone. Di conseguenza, l'addestramento poté cominciare intensivamente a Fallingbostel solo da questa data, con esercizi a livello di plotone. Il 30 gennaio 1943, fu il turno del plotone riparazioni dell'*SS-Panzer-Regiment 'LSSAH'* di lasciare Fallingbostel per il fronte dell'Est.

Inizialmente Hitler aveva previsto di utilizzare l'*SS-Panzer-Korps* per la controffensiva che doveva permettere di liberare la *6.Armee* circondata a Stalingrado, ma la mancanza di un numero sufficiente di treni per il trasferimento delle divisioni *'Leibstandarte SS Adolf Hitler'* e *'Das Reich'* così come la non disponibilità operativa della *Totenkopf* che necessitava di altre settimane di addestramento a cui poi si aggiunse la capitolazione dell'armata di Paulus. Di conseguenza, il *Führer* decise di impegnare le due prime divisioni SS per la difesa della città di Kharkov, ormai minacciata dall'armata rossa, in attesa della *Totenkopf*.

Panzer III Ausf J Leibstandarte a Karkov 1943

I Panzer della Leibstandarte

Cap. III) Sul fronte di Kharkov

Il trasferimento dell'*SS-Panzer-Regiment 'Leibstandarte'* si svolse in diverse tappe, dei carri dovevano essere ancora recuperati a Burg, nei pressi di Magdeburgo. E così, la *7.Kompanie* cedette dei *Panzer IV* a cannone corto in cambio di 6 *Panzer IV Ausf. F2* dipinti di bianco. Da parte sua, la *Tiger-Kompanie* iniziò ad essere caricata a Fallingbostel su tre convogli (31 gennaio, 1 e 2 febbraio 1943) per il trasferimento sul fronte dell'Est: i carri pesanti furono scaricati a Kharkov dal 7 febbraio. Mentre la *Leibstandarte* continuava a dislocare i suoi reparti nel settore assegnato all'*SS-Panzer-Korps* dell'*SS-Ogruf.* Paul Hausser, tutti gli assalti sovietici furono respinti tra le posizioni di Kotomlia e Annovka.

Panzer e granatieri tedeschi in marcia sulla neve nell'area ad est di Kharkov, febbraio 1943.

Un *PzKpfw III Ausf M* della *Leibstandarte* a Poltava.

Il 9 febbraio, fu deciso di accorciare il fronte difensivo per permettere al corpo corazzato SS di costituire a Merefa uno *Stossgruppe*, un gruppo d'assalto. Il *I./SS-Pz.Rgt. 'LSSAH'* dell'*SS-Stubaf.* Wünsche era in quel momento la sola unità corazzata con gli effettivi completi disponibile. Ma, mentre gli ultimi convogli del *Panzer-Regiment* sbarcavano i loro uomini ed i materiali, non tutti i carri furono inviati sul fronte, poiché alcuni furono inviati nelle retrovie. Infatti, dopo aver subito un ritardo a Stargard a causa di un incendio di un vagone, l'ultimo convoglio della *4.(schwere)/SS-Pz.Rgt. 'LSSAH'*, che trasportava 6 *Tiger* e 3 *Panzer III*, sotto il comando dell'*SS-Ustuf*. Michael Wittmann il 9 febbraio, dopo essere stato scaricato fu inviato a Poltava dove rimase nei pressi della stazione ferroviaria fino al 6 marzo, senza ricevere alcun impiego operativo!

Uomini e mezzi del *Kampfgruppe Meyer* della *Leibstandarte* pronti ad attaccare, febbraio 1943.

Il *PzKpfw.IV '205'* della *2.Kp./SS-Pz.Rgt. 'LSSAH'* (*C. Trang*).

Il 10 febbraio, l'*SS-Pz.Rgt. 'LAH'* integrato nello *Stossgruppe SS-Pz.Korps*, fu scisso in tre *Kampfgruppen*. Il *Kampfgruppe 'Meyer'*, agli ordini dell'*SS-Stubaf*. Kurt Meyer era la formazione più potente, comprendente l'*SS-Panzer-Aufklärungs-Abteilung 'LSSAH'*, il *I./SS-Pz.Rgt.* di Wünsche e la *6.Kompanie* di quest'ultimo reggimento agli ordini dell'*SS-Ostuf*. Hans Astegher. Questo raggruppamento doveva effettuare un movimento ad arco di cerchio di 85 chilometri da Novaia Vodolaga fino a Alexeievka. Al centro del dispositivo, il *Kampfgruppe 'Kumm'* doveva conquistare la posizione di Ochotchaie, con la *5.* e la *7.Panzer-Kompanien* rimaste sotto il comando dell'*SS-Stubaf*. Martin Gross. Il giorno dopo, questo raggruppamento incontrò

Panzer III Ausf J M SS Leibstandarte in Ucraina 1943

una forte resistenza nemica, mentre elementi del *II.Abteilung* restarono bloccati davanti alla stazione di Borki. Il *Kampfgruppe 'Meyer'* poté attaccare da Merefa e penetrò per alcune decine di chilometri all'interno delle linee sovietiche.

Alcuni mezzi del *Kampfgruppe Meyer* impegnati ad aprire il fuoco contro una posizione difensiva sovietica. Lo stesso Kurt Meyer, al riparto dietro al *Panzer '216'* dirige il fuoco contro il nido di resistenza nemico (*Collezione Charles Trang*).

Manutenzione di un carro *Tigre* sul fronte di Kharkov, 1943.

Sui cinque Tigre impegnati in combattimento, due andarono persi a causa di problemi meccanici, un terzo sparì in un corso d'acqua, dopo il cedimento di un ponte sotto il peso delle sue 54 tonnellate. Il 12 febbraio, dei motociclisti della 'Das Reich', appoggiati da alcuni carri del *II./SS-Pz.Rgt. 'LSSAH'*, respinsero i sovietici da Novaia Vodolaga dopo sei ore di combattimenti. L'*SS-Ostuf.* Rudolf von Ribbentrop rimase ferito durante nuovi scontri nel corso della serata e rifiutò di salire sul *Fieseler Fi 156* Storch che doveva evacuarlo nelle retrovie. Il giorno dopo, il *Panzer-Regiment* comunicò il numero dei carri operativi: 12 *Panzer II*, 12 *Panzer III* e 41 *Panzer IV*. Il 14 febbraio, il *I./SS-Pz.Rgt. 'LSSAH'* di Wünsche attaccò da Jefremovka, si spinse fino ad Alexeievka e stabilì il collegamento con l'*SS-Stubaf.* Kurt Meyer.

I Panzer della Leibstandarte

L'*SS-Ostuf.* Rudolf von Ribbentrop sul suo *Panzer IV Lang* durante i combattimenti per Kharkov. Malgrado fosse rimasto ferito, decise di ritornare subito al comando della 7.*Panzer-Kompanie* (*Bundesarchiv*).

Elementi della *1./SS-Pz.Rgt. 'LSSAH'* dell'*SS-Hstuf.* Jürgensen, con il *Panzer IV Ausf. F2 '128'* in primo piano seguito da altri carri (NARA).

Panzer e granatieri tedeschi nella steppa innevata, 1943.

Il 6° corpo di cavalleria della guardia sovietico, raggruppato nel triangolo Paraskoveia - Ochotchaie - Bereka, fu annientato nei combattimenti che seguirono. Malgrado questo successo tattico, la situazione non era ancora favorevole ai tedeschi: anzi divenne ancora più critica. L'*SS-Panzer-Korps* di Hausser aveva ricevuto un ordine esplicito da Hitler: "*Difendere Kharkov a tutti i costi! Se necessario, attestarsi in posizione difensiva*". Ma la pressione dei reparti sovietici era troppo forte e ostinarsi a difendere ad oltranza la città avrebbe causato l'accerchiamento delle unità SS e portato al loro sicuro ed inutile annientamento. La manovra di accerchiamento dei sovietici era imminente e degli elementi stavano già attaccando la periferia occidentale della città. L'*SS-Ogruf.* Hausser chiese dunque l'autorizzazione ad evacuare Kharkov, ma non gli fu accordata. Ignorando il *Führerbefehl* (l'ordine di Hitler), il generale SS disobbedì e ordinò, alle 16:45, il ripiegamento delle sue unità, *Leibstandarte*, *Das Reich* e *Grossdeutschland*, in direzione del fiume Udy. Il giorno dopo, 9 *Tiger* della *4.(schwere)/SS-Pz.Rgt. 'LAH'*, lasciarono Kharkov in seguito alle direttive di ripiegamento impartite da Hausser per intervenire su Alexeievna, poi stazionarono a Krasnograd per essere sottoposti a manutenzione tecnica. Il 16 febbraio 1943, i combattimenti infuriarono davanti Ochotchaie ed il *II./SS-Pz.Rgt. 'LSSAH'* perse 3 *Panzer*.

SS-Ostuf. Walter Malchow.

L'*SS-Ostuf.* Wilhelm Beck.

L'*SS-Ustuf.* Walter Malchow, della *5.Panzer-Kompanie*, si distinse con i quattro *Panzer IV* del suo plotone con un raid di 80 chilometri all'interno delle linee sovietiche. Egli riuscì a distruggere così numerosi pezzi anticarro ed il suo rapporto sulle posizioni nemiche fu determinante per il proseguimento delle operazioni. Il 17 febbraio 1943, l'*SS-Ostuf.* Beck si distinse alla testa della sua *2.Panzer-Kompanie*, che si ritrovò spesso all'avanguardia del *Kampfgruppe Meyer*. Il 19 febbraio, il *Panzer-Regiment* disponeva di 12 *Panzer II*, 10 *Panzer III*, 45 *Panzer IV* e 21 *Befehlspanzer*. Il giorno seguente, il *I./SS-Pz.Rgt. 'LSSAH'* si attestò in posizione difensiva a Jeremeievka. Il 21 febbraio, Meyer e Wünsche attaccarono insieme verso sud: le loro unità distrussero o catturarono 19 cannoni da 76,2 mm, 4 cannoni anticarro da 45 mm e 7 mortai pesanti, oltre ad infliggere pesanti perdite alla fanteria sovietica. In quella stessa giornata, il *Panzer-Regiment* aveva come operativi 49 *Panzer IV* e 6 *Tiger*. Il 23 febbraio, il *Kampfgruppe Meyer* attaccò Paraskoveievskie catturando o distruggendo altri 20 cannoni da 76,2 mm, 4 obici da 122 mm, 3 cannoni da 100 mm e 3 lanciarazzi. I reparti sovietici che riuscirono a penetrare a sud di Ordivka, furono contenuti grazie all'intervento del *II./SS-Pz.Rgt. 'LSSAH'* di Martin Gross. L'*SS-Ostuf.* Hans Astegher, comandante della *6.Panzer-Kompanie* si distinse particolarmente durante questi combattimenti chiudendo una breccia aperta dai sovietici nel settore di Novaia Vadolaga, permettendo di conservare il ponte sul fiume Vilkhuvatka, vitale per il ripiegamento di tutto l'*SS-Panzer-Korps*. Il giorno dopo, il *II./SS-Panzer-Grenadier-Regiment 1* contrattaccò su Bulachi con i carri dell'*SS-Stubaf.* Martin Gross: 5 *T-34*, 7 cannoni, 5 mortai pesanti e tra i 400 e i 500 *Frontoviki* (soldati sovietici) furono messi fuori combattimento. Il 25 febbraio, il ripiegamento generale della *Leibstandarte* fu associato a dei nuovi violenti contrattacchi. Quello del *I./SS-Pz.Rgt.* di Max Wünsche, lanciato da Losovaia verso ovest, inflisse delle perdite importanti alle forze nemiche: 37 cannoni da 76,2 mm, 10 cannoni da 45 mm, 6 obici da 122 mm, un obice tedesco catturato (*s.FH 18*), tra i 300 e 400 furgoni a trazione animale e circa 800 caduti, ma non furono catturati prigionieri. Il 26 febbraio, i combattimenti si spostarono nel settore di Krasnograd, dove l'*SS-Hstuf.* Schmidt, fino ad allora rimasto in riserva con la sua *5.Panzer-Kompanie*, dovette lanciare un attacco contro un fronte anticarro sovietico.

Un *PzKpfw.III* impegnato sul fronte di Kharkov, febbraio 1943 (NARA).

Un *PzKpfw.IV* impegnato in combattimento, febbraio 1943.

Egli distrusse 19 cannoni anticarro sui 24 individuati, poi proseguì verso Olchovatka con soli 5 *Panzer IV* ed una compagnia di granatieri. Dopo numerose ore di combattimenti furono rivendicati come distrutti almeno 9 *T-34*, 4 cannoni anticarro, 2 camion, 14 traini, 300 fanti sovietici caduti, così come un *Panzer III* catturato ripreso al nemico. Dopo qualche giorno, gli sforzi congiunti della *1.* e della *4.Panzer-Armee* portarono all'annientamento della 6ª armata sovietica e del raggruppamento Popov, che si erano troppo spinti tra le posizioni tedesche. Sfruttando questo grave errore della *Stavka* (lo stato maggiore sovietico), i tedeschi contrattaccarono a partire dal 19 febbraio, prima tra Slaviansk e Novaia Vodolaga, poi su tutta l'estensione del fronte fino a Bjelgorod.

Il 2 marzo, la *Leibstandarte* partecipò dunque all'offensiva dell'*SS-Panzer-Korps*. Il collegamento con la divisione '*Das Reich*' fu stabilito a Paraskoveia e il *Kampfgruppe Meyer* conquistò la posizione di Kegitchevka. Si formò così una sacca intorno a Jeremeievka, dove numerose divisioni di fucilieri sovietici furono intrappolate al suo interno.

Il *PzKpfw.IV '205'* della *2.Kp./SS-Pz.Rgt. 'LSSAH'* attraversa un villaggio ucraino (*Charles Trang*).

SS-Ustuf. **Rudolf von Ribbentrop.**

Dal 3 febbraio, la *Leibstandarte* aveva distrutto 101 carri nemici. Il 3 marzo, il *Kampfgruppe Meyer* stabilì il collegamento con la divisione *Totenkopf* a Jeremeievka, chiudendo la sacca intorno alle forze sovietiche che si stava formando da alcuni giorni. In quello stesso 3 marzo, l'*SS-Ostuf.* von Ribbentrop, appena terminata la sua convalescenza, fu posto alla testa della *7./SS-Pz.Rgt. 'LSSAH'*, diventando così il quinto comandante di questa unità dall'inizio delle operazioni. Questo a dimostrazione dell'alto numero di perdite subite dai reparti corazzati SS.

La riconquista di Kharkov

Aggregata al *I./SS-Pz.Rgt. 'LSSAH'*, la *4.(schwere) Panzer-Kompanie* fu trasferita a 30 chilometri a nord di Krasnograd. Numerosi carri Tigre lamentarono problemi meccanici prima ancora di essere impegnati in combattimento, come quello dell'*SS-Uscha.* Brandt, vittima di un surriscaldamento del motore e che fu definitivamente perso, distrutto da un incendio. Impegnato all'avanguardia della *4.Panzer-Armee* per la controffensiva decisa verso Kharkov, l'*SS-Panzer-Korps* fu dislocato nel punto di collegamento tra quest'ultima armata e l'*Armee-Abteilung 'Kempf'* e passò all'attacco il 6 marzo con la *Totenkopf* dietro la *Leibstandarte* sulla sinistra e la *Das Reich* sulla destra.

I Panzer della Leibstandarte

Un Tigre impegnato sul fronte di Kharkov, marzo 1943.

Un Tigre della *4.Kp./SS-Pz.Rgt. 'LSSAH'* supera un pezzo anticarro sovietico appena distrutto, marzo 1943.

I Tigre marciarono con i *Panzer* dell'*SS-Stubaf*. Wünsche in direzione di Walki e si scontrarono con un *Pakfront* nei pressi di Blagodatnoie. La linea difensiva sovietica fu penetrata, ma subito dei *T-34* si opposero ai *Panzer* con successo ed un Tigre già danneggiato fu immobilizzato, mentre quello dell'*SS-Ustuf*. Helmut Wendorff affondò nel fiume Msha, la cui superficie ghiacciata, pur spessa, non resse al peso del carro pesante. Il giorno dopo, il *Kampfgruppe Meyer* sempre appoggiato dal *I./SS-Pz.Rgt. 'LSSAH'* di Wünsche, conquistò la posizione chiave di Walki attaccando da ovest. La *2.Panzer-Kompanie* agli ordini dell'*SS-Ostuf*. Beck si distinse ancora in testa all'attacco, ma le sue perdite furono pesanti: 3 *Panzer* furono distrutti dai tiri dei pezzi anticarro sovietici, incluso quello dell'*SS-Oscha*. Hans Reimling, decorato con la Croce di Cavaliere tre giorni più tardi, dopo essere caduto in combattimento a bordo del suo carro. Fu promosso al grado di *SS-Untersturmführer* a titolo postumo.

SS-Oscha. Hans Reimling.   Un *PzKpfw.III* in marcia durante la riconquista di Kharkov.

L'8 marzo, l'attacco proseguì nel settore di Ljubotin. Verso sera, il *II./SS-Pz.Rgt. 'LSSAH'*, che appoggiava l'*SS-Pz.Gren.Rgt.1*, annunciò la distruzione di 5 *T-34* e 30 cannoni.

PzKpfw IV Ausf J SS Leibstandarte in Francia 1942

Il *PzKpfw.IV '615'* della *6.Kp./SS-Pz.Rgt. 'LSSAH'* in marcia, marzo 1943.

La controffensiva tedesca fece importanti progressi, particolarmente nel settore dei reparti SS: Korotitch, a 10 chilometri da Kharkov, fu conquistata e fu stabilita una testa di ponte sul fiume Udy. Il giorno dopo, il *Kampfgruppe Meyer* lanciò un nuovo raid di una sessantina di chilometri, conquistando in successione le posizioni di Peressetchnaia, Dergatchi, Tcherkaskoie e Zirkuny, a 10 chilometri a nord-est di Kharkov!

Granatieri e *Panzer* della *Leibstandarte* alla periferia di Kharkov, 1943.

Minacciata di essere circondata, la città doveva essere conquistata per l'11 marzo. Il piano di Hausser era il seguente: la *Leibstandarte* doveva attaccare da nord e la *Das Reich* da ovest. I primi *Panzer* a raggiungere i sobborghi di Kharkov furono quelli di Wünsche. Un *KV-1*, nascosto dietro una casa, riuscì a distruggere numerosi carri tedeschi, tra questi il *Panzer IV '727'* dell'*SS-Ustuf*. Luis Stollmayer, che morì tra le fiamme del suo carro.

Carri del *Kampfgruppe Witt* penetrano dentro Kharkov, marzo 1943.

Granatieri del *Kampfgruppe Hansen* e il *PzKpfw.IV* '728' dentro Kharkov.

Uno dei quattro Tigre che appoggiarono l'attacco contro la città si pose in testa per aprire la marcia. Seguì un duello con un altro *KV-1*: un proiettile di quest'ultimo colpì l'ottica del Tigre, il puntatore rimase ucciso e l'*SS-Ustuf.* Johannes Philipsen rimase ferito. Malgrado la perdita di questo mezzo, lo slancio della *Leibstandarte* e dei suoi *Panzer* non si arrestò.

Caricamento munizioni a bordo di un carro Tigre, marzo 1943.

Almeno altri 6 *T-34* furono distrutti in dieci minuti ed alla fine della serata, la strada fu aperta fino alla Piazza Rossa della città ucraina. Gli ultimi sobborghi di Kharkov furono conquistati il 14 marzo e i rastrellamenti nella città continuarono fino al giorno dopo.

Granatieri e *PzKpfw IV* della *Leibstandarte* alla periferia di Kharkov

La conquista di Bjelgorod

Colonna di *PzKpfw IV* avanza sul fronte ucraino, 1943.

Colonna del *Kampfgruppe Peiper* marcia verso Bjelgorod.

L'*SS-Stubaf.* Martin Gross a bordo del suo carro.

Il 16 marzo, alcuni carri della *5./SS-Pz.Rgt. 'LSSAH'* appoggiarono l'attacco su Dementeievka. Le forze sovietiche, sconfitte a Kharkov, ripiegarono verso Bjelgorod. Il 17, un altro assalto in direzione di questa località fu lanciato con l'appoggio della *7.Panzer-Kompanie* dell'*SS-Ostuf.* von Ribbentrop. Tre *Panzer III* ed 1 *Tiger* aggregati al *Kampfgruppe Peiper* distrussero cinque carri ed un pezzo anticarro sovietici. Il 18 marzo, due Tigre appoggiarono il *III.(gep.)/SS-Pz.Gren.Rgt.2* dell'*SS-Stubaf.* Joachim Peiper e penetrarono le prime linee difensive nemiche e proseguirono verso Bjelgorod. Verso sera, 14 carri, 16 cannoni, 14 fucili anticarro, 52 mitragliatrici e 38 camion furono distrutti, mentre da parte tedesca si lamentarono solo un caduto e 6 feriti. Il giorno dopo, un gruppo corazzato, con elementi della *7./SS-Pz.Rgt. 'LSSAH'* e 2 Tigre, incluso quello dell'*SS-Hstuf.* Kling, ricevette l'ordine di ristabilire i collegamenti con la *Pz.Grenadier-Division 'Grossdeutschland'*. I carri si trovavano nei pressi di Strelezkoie, a nord-est di Bjelgorod e distrussero 2 *T-34* e 1 *KV-2*, 2 cannoni anticarro da 76,2 mm, 1 blindato da ricognizione e 1 cannone da 152mm. L'*SS-Stubaf.* Martin Gross si distinse ancora durante questi ultimi combattimenti per Bjelgorod. Guidando il suo battaglione nel suo *Befehlspanzer III '555'*, fu il primo ad entrare nella città malgrado i numerosi cannoni anticarro nemici: trentadue di essi furono distrutti o catturati.

PzKpfw IV Ausf. SS Leibstandarte
alla battaglia di Kursk/Zitadelle 1943

I Panzer della Leibstandarte

Cap. IV) Riorganizzazione dei reparti

I combattimenti proseguirono a nord di Bjelgorod fino al 26 marzo 1943, ma il fango e le cattive condizioni del tempo resero impossibile qualsiasi tentativo di sfruttare l'importante successo tattico dell'*SS-Panzer-Korps* di Paul Hausser. Infatti, malgrado la perdita di Kharkov e Bjelgorod, i sovietici avevano conservato il grosso delle loro forze ed avevano stabilito un importante saliente intorno alla città di Kursk che rappresentava un pericoloso cuneo tra le linee tedesche, che andava assolutamente eliminato.

Membri dell'equipaggio di un Tigre impegnati nella manutenzione, primavera 1943.

L'*SS-Stubaf.* Georg Schönberger consegna una decorazione, sotto lo sguardo di Max Wünsche.

Dal 25 marzo, la maggior parte dei *Tiger* della *Leibstandarte* furono raggruppati nei sobborghi settentrionali di Kharkov. Dopo il ritiro dalla linea del fronte della *Leibstandarte Adolf Hitler*, il 27 marzo 1943, le sue *Panzer-Kompanien* furono ugualmente messe a riposo nel settore di Kharkov. Le unità dovevano effettuare la manutenzione tecnica dei loro veicoli, poiché nei precedenti combattimenti la maggior parte dei mezzi era stata messi a dura prova.

I Panzer della Leibstandarte

Il generale Guderian, in visita al *Pz.Rgt.* della *Leibstandarte*, esamina il Tigre '405'. Sulla destra, l'*SS-Hstuf*. Hans Kling.

L'*SS-Pz.Rgt 'LSSAH'* doveva essere ricostituito e riorganizzato, soprattutto dopo la partenza per la Germania del *I.Abteilung* dell'*SS-Stubaf*. Max Wünsche, che doveva essere riequipaggiato con i nuovi carri *Panther*. L'*SS-Stubaf*. Gross ne approfittò e recuperò i *Panzer III* e *IV* per ricompletare i ranghi del suo *II.Abteilung*, così come i *Panzer II* liberati dopo la partenza della *Stabs-Kompanie*. Si verificarono anche dei cambi nella catena di comando del reggimento dell'*SS-Stubaf*. Schönberger. L'*SS-Ostuf*. von Ribbentrop scambiò il suo posto alla testa della *7.Kompanie* con l'*SS-Hstuf*. Ralf Tiemann, *Regimentsadjutant*. L'*SS-Hstuf*. Hans Pfeiffer, aveva preso in carica la *6.Kompanie* dopo il grave ferimento di Astegher, così come quello del comandante del suo 1° plotone, l'*SS-Ostuf*. Ludwig Ruckdeschel. Delle reclute provenienti dalla *Luftwaffe*, i famosi 'doni' di Göring, completarono le unità. Le settimane successive d'istruzione furono intensive per formarle ai rudimenti della *Panzerwaffe*. L'*SS-FHA* aveva ordinato, a partire dal 23 marzo, di riorganizzare le tre *schwere Panzer-Kompanien* della *Waffen-SS* secondo il *K.St.N.1176e* emesso il 5 marzo 1943: era previsto di equipaggiare tre plotoni con 4 *Tiger* con un *Kompanie-Trupp* di 2 *Tiger* (1 *Tiger* per il *Kompaniechef* ed un secondo di rimpiazzo). La *4.(schwere)/SS-Pz.Rgt. 'LSSAH'* fu dunque riorganizzata su tre plotoni di 4 *Panzer VI*. I *Panzer III* in eccesso, furono ceduti alle altre unità del *I.Abteilung*. All'inizio di aprile, il *Generaloberst* Heinz Guderian fece un'ispezione negli acquartieramenti del *Panzer-Regiment 'LSSAH'*. Nello stesso periodo, fu ordinato di riorganizzare il reggimento secondo le nuove tabelle (*K.St.N.1175a* del 25/01/1943). Ciascun *Panzer-Abteilung* doveva comprendere quattro *mittlere Panzer-Kompanien* ciascuna con 22 *Panzer IV*. Il *I.Abteilung* essendo tornato in Germania per recuperare i suoi *Panther*, solo il *II.Abteilung* dell'*SS-Stubaf*. Gross fu sottoposto a questa ristrutturazione. Il plotone leggero su *Panzer II Ausf. F* fu ugualmente assegnato al *Regiments-Stab*. Alla fine, numerose compagnie reggimentali furono rinumerate, la *Panzer-Pionier-Kompanie* fu rinominata come *9.(Pionier)/SS-Pz.Rgt. 'LSSAH'*. All'inizio di maggio, la *4.(schwere)/Panzer-Kompanie* diventò la *13.schwere Panzer-Kompanie*. Quindi furono dipinti dei nuovi *Turmnummer* sui suoi carri. Alla fine di maggio, solo 7 *Tiger* erano operativi nella base della compagnia a Olchany. Il 29 giugno, la *Leibstandarte* iniziò a lasciare il settore di Kharkov. Il giorno dopo, l'*SS-Panzer-Regiment 'LSSAH'* disponeva di 12 *Panzer III* operativi sui 13 teorici (1 era in riparazione), 63 *Panzer IV* operativi sugli 87 teorici (3 in riparazione) e 11 *Panzer VI Tiger* sui 14 teorici (2 in riparazione). Da notare che il reggimento disponeva sempre di alcuni *Panzer II* in seno alle due *leichte Panzer-Kolonnen*.

I Panzer della Leibstandarte

Cap. V) Operazione Zitadelle

Il 1° luglio 1943, l'*SS-Panzer-Grenadier-Division 'LSSAH'* ricevette i suoi ordini d'attacco dal *II.SS-Panzer-Korps* di Hausser nell'ambito dell'operazione *'Zitadelle'*. Il giorno dopo, il suo *Panzer-Regiment* ottenne una nuova fornitura di mezzi, con 16 *Panzer IV* e 5 *Panzer VI Tiger*. Questi nuovi mezzi costituirono una riserva materiale per le *Panzer-Kompanien* in vista della futura offensiva. Al 4 luglio, 12 *Tiger* operativi stazionavano a sud della strada Tomarovka-Bykovka, nei pressi della quota 222,3, poi mossero nell'area ad est di Yakovlevo. Il 5 luglio, l'operazione *Zitadelle* iniziò con un violento fuoco di sbarramento dell'artiglieria, 11 *Tiger* si lanciarono contro la quota 220,5 agli ordini dell'*SS-Hstuf*. Kling.

Granatieri e Tigre della *Leibstandarte* in attesa di passare all'attacco, luglio 1943 (NARA).

Carri Tigre e granatieri della *Leibstandarte* nell'area di Kursk.

Delle postazioni difensive sovietiche furono distrutte senza lamentare perdite, mentre altre postazioni si lasciarono superare per poi tirare contro le parti più vulnerabili dei carri pesanti tedeschi. Le alture alla fine furono conquistate e i carri *Tiger* proseguirono verso Bykovka, posizione che fu conquistata verso mezzogiorno.

I Panzer della Leibstandarte

L'*SS-Hstuf*. Heinz Kling (NARA).

SS-Ustuf. Michael Wittmann (BA).

I sovietici avevano subito pesanti perdite, avevano perso numerosi cannoni anticarro e delle carcasse di *T-34* bruciavano sul campo di battaglia. Il *Tiger '1305'* dell'*SS-Hstuf*. Kling con il suo puntatore, l'*SS-Strm*. Warmbrunn, era riuscito a distruggere nel corso della giornata almeno 9 lanciafiamme, 7 *bunker*, 4 *T-34* e 19 cannoni anticarro da 7,62 mm. Da parte sua, l'*SS-Ustuf*. Michael Wittmann aveva distrutto 8 carri e 7 cannoni anticarro, poi il suo *Tiger '1331'* fu colpito e rimase immobilizzato.

Il giorno dopo, con altri due *Panzer VI*, l'*SS-Hstuf*. Kling conquistò la quota 243,2 ad est di Yakovlevo. Alle 13:15, i sovietici lanciarono un attacco appoggiati da 38 carri proprio da questa località. I *Tiger* parteciparono al contrattacco tedesco, distruggendo altri 8 carri e proseguirono la loro marcia riprendendo la testa del raggruppamento corazzato in vista della conquista delle alture ad ovest di Prokhorovka. L'*SS-Hstuf*. Schmidt, comandante della *5./SS-Pz.Rgt. 'LSSAH'*, si distinse ugualmente durante questi ultimi combattimenti: mentre si trovava in testa al raggruppamento corazzato, avvistò tra i 40 e i 50 carri sovietici nella valle di Yakovlevo. Prendendo posizione su una altura, egli riuscì a distruggere, con solo 3 *Panzer IV*, almeno 11 *T-34* e 6 cannoni anticarro. Nel corso degli ultimi due giorni, l'unità di Kling rivendicò la distruzione di 50 *T-34*, 1 *KV-1*, 1 *KV-2* e 43 pezzi anticarro. In testa alle formazioni corazzate, i *Tiger* avevano perfettamente svolto il loro ruolo di mezzi di rottura, ma i carri, molto sollecitati ed esposti a tutti gli ostacoli, subirono delle perdite importanti. E fu così che Sepp Dietrich ordinò che il *Tiger* danneggiato dell'*SS-Uscha*. Brandt fosse smontato per recuperare dei pezzi di ricambio per l'officina riparazioni. Durante la notte, i combattimenti proseguirono. Tentando una penetrazione dentro Teterevino, 3 *T-34* furono distrutti da un *Tiger*. Il 7 luglio, a Lutchki e Teterevino si verificarono violenti scontri: i contrattacchi corazzati nemici furono respinti, ma la progressione della divisione di Dietrich fu rallentata notevolmente. Alla fine della giornata, la *7.Panzer-Kompanie* dell'*SS-Hstuf*. Tiemann, rivendicò tuttavia la distruzione di 43 *T-34*! I gruppi corazzati (*Panzergruppen*) della *Leibstandarte* e della *Das Reich* continuarono ad avanzare in parallelo lungo la strada Teterevino-Prokhorovka. Dall'inizio dell'offensiva, I reparti della *SS-Panzer-Grenadier-Division 'LSSAH'* avevano distrutto 75 carri e 23 cannoni, così come avevano abbattuto 12 aerei sovietici.

Il Tigre '1311' della compagnia pesante corazzata della *Leibstandarte* durante una pausa nei combattimenti sul fronte a sud di Kursk, luglio 1943.

SS-Uscha. **Franz Staudegger.**

L'8 luglio, l'*SS-Panzer-Regiment 'Leibstandarte'* si scontrò con alcune formazioni corazzate sovietiche, comprendenti in totale una quarantina di carri, nel settore di Rylsky. L'*SS-Ostuf.* Malchow si distinse nel suo *Panzer IV '515'* distruggendo numerosi *T-34*. L'attacco del *II./SS-Pz.Rgt.'Leibstandarte'* fu in seguito bloccato da un imponente fronte anticarro, che fu presto aggirato da quattro Tigre agli ordini dell'*SS-Hstuf.* Kling. Numerosi carri nemici interrati furono messi fuori combattimento. Alle 18:15, un nuovo pericolo si paventò quando il *Panzergruppe* segnalò per radio che una brigata sovietica aveva penetrato le sue linee ad est della quota 252. Due carri pesanti Tigre erano presenti in questo settore, tra cui il '1322' comandato dall'*SS-Uscha*. Staudegger con il treno di rotolamento danneggiato. Il *Tigerkommandant* riuscì a spostare in qualche modo il mezzo portandosi subito davanti alla formazione corazzata nemica. Egli avvistò i carri sovietici fermi, in formazione serrata, in un piccolo vallone. Un bersaglio formidabile. Staudegger ne distrusse 17, poi altri 5 durante la ritirata dei sovietici, in totale 22 in meno di due ore. L'*SS-Uscha.* Staudegger dovette però ripiegare per mancanza di munizioni. Per questa azione, ricevette la Croce di Cavaliere il 10 luglio 1943. Nel corso di quella stessa giornata, la *Tiger-Kompanie* della *Leibstandarte* distrusse 42 carri *T-34* e 3 carri *General Lee*.

Il Tigre '1313' della *13.(schw.)Kp./SS-Pz.Rgt.1* **durante una pausa nei combattimenti, luglio 1943.**

Il *PzKpfw.IV* dell'*SS-Ostuf.* **von Ribbentrop.**

Mentre gli scontri tra le formazioni meccanizzate proseguirono tra il 9 e il 10 luglio, il *Panzergruppe* divisionale condusse l'11 luglio un attacco contro le posizioni sovietiche sul versante settentrionale della quota 252,2, attraversò il fossato anticarro ed occupò il versante meridionale subito dopo. I tre Tigre, tra cui quello dell'*SS-Hstuf.* Kling, che appoggiavano l'attacco contro la collina rivendicarono la distruzione di 28 cannoni anticarro e 6 obici. Durante lo stesso scontro, sette *Panzer IV* della *6./SS-Pz.Rgt. 'LSSAH'* furono impegnati in battaglia: il carro '604' dell'*SS-Ostuf.* Rudolf von Ribbentrop riuscì a distruggere almeno un carro nemico. Anche l'*SS-Ostuf.* Walter Malchow della *5.Kompanie*, si distinse ancora, distruggendo altri 7 carri sovietici. Ma i fianchi del *Panzergruppe* restarono scoperti e la strada di Prokhorovka non era stata ancora aperta. In quel momento, l'*SS-Panzer-Regiment 'LSSAH'* allineava 4 *Panzer II*, 5 *Panzer III*, 47 *Panzer IV* e 4 *Panzer VI* operativi.

L'*SS-Stubaf.* **Martin Gross (BA).**

SS-Rttf. **Hans Siptrott.**

Il 12 luglio, alle 9:00, i sovietici lanciarono un nuovo attacco contro il *Panzergruppe* muovendo con 35 carri da Prokhorovka e con altri 40 carri da Petrovka. I carri sovietici marciavano a tutta velocità, appoggiati da un massiccio fuoco della loro artiglieria. A bordo del suo '604', l'*SS-Ostuf.* von Ribbentrop era in posizione con altri 6 *Panzer IV* della sua *6./SS-Pz.Rgt. 'LSSAH'* e fece aprire il fuoco a circa 250 metri di distanza. La visibilità non era ottimale a causa della polvere sollevata dal movimento dei carri, il fumo dei tiri e le nuvole nere che si levavano dai carri in fiamme. Alcuni duelli tra carri si svolsero ad una distanza tra i 10 e i 30 metri. Rudolf von Ribbentrop distrusse personalmente 14 *T-34* con il suo '604', l'*SS-Hstuf.* Schmidt ne rivendicò 36 con la sua *5.Panzer-Kompanie*, mentre l'*SS-Uscha.* Hans Siptrott, della *7.Kompanie*, ne distrusse 6 da solo. Il *II./SS-Pz.Rgt. 'LSSAH'* dell'*SS-Stubaf.* Gross rivendicò in totale la distruzione di 62 carri *T-70* e *T-34*, ai quali si aggiunsero altri 25 durante un secondo attacco sovietico. Martin Gross e Rudolf von Ribbentrop furono decorati con la *Ritterkreuz* per le loro azioni. Malgrado questi successi tattici locali, i sovietici continuarono a battersi impegnando numerosi reparti corazzati e con l'appoggio massiccio dell'artiglieria, riuscendo a bloccare i tedeschi. La *Leibstandarte* riuscì a tenere le posizioni conquistate il giorno prima, ma la sua progressione in direzione di Prokhorovka fu bloccata completamente. Il 13 luglio, il *Panzergruppe* proseguì la sua avanzata, ma continuò ad incontrare una forte resistenza da parte dei sovietici. Il giorno dopo, l'*SS-Panzer-Regiment 'Leibstandarte'* allineava 4 *Pz.Kpfw.II*, 6 *Pz.Kpfw.III*, 32 *Pz.Kpfw.IV* e 5 *Pz.Kpfw.VI 'Tiger'* operativi. Secondo un rapporto dello stato maggiore la divisione avrebbe distrutto o catturato 501 carri sovietici nel periodo tra il 5 e il 14 luglio 1943. Il 15 luglio, il *Panzergruppe 'Leibstandarte'*, comprendente il *II./SS-Pz.Rgt. 'LSSAH'*, il *II./SS-Art.Rgt. 'LSSAH'* ed elementi del *III./SS-Pz.Gren.Rgt.2*, raggiunse tra mille difficoltà il settore situato ad est di Ivanovka. In quel momento, erano ancora operativi in seno alla divisione cinquanta carri: 4 *Panzer II*, 6 *Panzer III*, 32 *Panzer IV*, 8 *Tiger*. Il giorno dopo, grazie al lavoro dei meccanici dell'officina riparazioni, altri dieci carri furono rimessi in sesto per tornare a combattere.

Carri della *Leibstandarte* impegnati in combattimento nella steppa ucraina. Sulla sinistra ed al centro, si notano alcune carcasse di carri sovietici in fiamme, luglio 1943.

Una colonna corazzata tedesca sul fronte ucraino, luglio 1943.

Tuttavia, il 17 luglio, Adolf Hitler ordinò la ritirata del *II.SS-Panzer-Korps* dal campo di battaglia di Kursk e ordinò la cessazione dell'operazione *'Zitadelle'* a causa dello sbarco alleato in Sicilia: i reparti della *Leibstandarte Adolf Hitler* dovevano raggrupparsi nell'area ad ovest di Bjelgorod. A partire dal 24 luglio, iniziò il trasferimento dei reparti su treno.

Il 27 luglio, la divisione SS ricevette ufficialmente l'ordine di trasferimento per l'Italia. L'*SS-Panzer-Regiment 'LSSAH'* dovette cedere tutti i suoi carri operativi all'*SS-Panzer-Regiment 'Das Reich'* e a quello della *Totenkopf*, che dovevano essere impegnati sul fronte del Mius.

PzKpfw IV Ausf J F2 in Russia 1943

I Panzer della Leibstandarte

Cap. VI) Riorganizzazione in Italia

I primi elementi dell'*SS-Panzer-Regiment 'LSSAH'* arrivarono a Innsbruck in Austria, il 5 agosto 1943 per essere poi diretti su Parma e Reggio. I soli *Panzer* disponibili erano quelli che non erano stati ceduti dall'unità, malgrado gli ordini ricevuti. La *Stabs-Kompanie* del reggimento aveva infatti conservato tutti i suoi veicoli. Fortunatamente, erano state previste delle nuove forniture e il 7 agosto, degli equipaggi del *II.Abteilung* ritirarono dei nuovi *Panzer IV* alle stazioni di Parma e Reggio. Il 9 agosto, la *7.Pz.Kp.* dell'*SS-Hstuf.* Tiemann ricevette 22 nuovi *Panzer IV* a Modena.

Veicoli dello stato maggiore dell'*SS-Pz.Rgt.1* a Innsbruck, 1943 (*Collezione Horst Schumann*).

L'*SS-Hstuf*. Kling firma documenti davanti ad un Tigre.

In generale, l'equipaggiamento della *Leibstandarte* aumentò considerevolmente. Infatti, il giorno dopo, il *I.Abteilung* dell'*SS-Stubaf.* Kuhlmann giunse su treno nel settore Parma-Reggio, proveniente direttamente da Grafenwöhr, dove era stato equipaggiato ed istruito su carri *Panther*: la *1., 2., 3.* e *4.Panzer-Kompanien* erano equipaggiate ciascuna con 17 *Panther Ausf. D* e la *Stabs-Kompanie* disponeva di 3 *Befehlspanther*. Il *I./SS-Pz.Rgt. 'LSSAH'* era una nuova unità che non aveva molto a che fare con il precedente battaglione di Max Wünsche che si era distinto nei combattimenti a Kharkov. Appena un terzo degli effettivi proveniva da quest'ultimo, la maggior parte dei quadri provenivano dall'unità di deposito e d'istruzione dei reparti corazzati SS e dai ranghi dell'*SS-Sturmgeschütz-Abteilung*

'LSSAH', la quale aveva già fornito una gran parte del contingente iniziale. Lo stesso Kuhlmann, l'*Abteilungkommandeur*, non proveniva dalla *Leibstandarte*. Era stato in precedenza al comando del *I./SS-Pz.Rgt. 'Das Reich'*, che aveva lasciato nell'aprile 1943.

L'*SS-Ostubaf.* Georg Schönberger, secondo da destra, discute la situazione con altri ufficiali del *I./SS-Pz.Rgt.1* in una località dell'Italia, nell'estate del 1943, davanti ad un *Panzer*. Il secondo da sinistra è l'*SS-Stubaf.* Herbert Kuhlmann.

Alcuni Tigre della *Leibstandarte* sul fronte italiano, estate 1943.

Il comandante della *1.Panzer-Kompanie* era l'*SS-Hstuf.* Werner Pötschke, già comandante della *1./SS-Aufkl.-Abteilung 2*, la 2. era agli ordini dell'*SS-Ostuf.* Hans Stübing, un veterano degli *StuG* della *Leibstandarte*, mentre la 3. e la 4. erano rispettivamente agli ordini dell'*SS-Ostuf.* Kurt Kleist e dell'*SS-Ostuf.* Ernst Otto, provenienti dai ranghi della fanteria. Ventisette nuovi carri *Tiger I Ausf. E* arrivarono alla stazione di Reggio tra il 10 e il 13 agosto, tra cui due *Befehlstiger*. Il 25 agosto, l'*SS-Hstuf.* Kling raggiunse la *Tiger-Kompanie* dopo un periodo di convalescenza.

La *13.(schwere)/SS-Pz.Rgt. 'LSSAH'* fu quindi temporaneamente posta agli ordini dell'*SS-Ustuf.* Helmut Wendorff, mentre una parte degli effettivi con anche alcune nuove reclute fu destinata a formare un *Tiger-Abteilung* in seno al *I.SS-Panzer-Korps* (il futuro schwere *SS-*

Pz.IV del II./SS-Pz.Rgt.1 per le strade di Milano, settembre 1943.

Panzer-Abteilung 101) agli ordini dello stesso *SS-Hstuf.* Heinz Kling. Il 7 settembre, l'*SS-Pz.Rgt. 'LSSAH'* riportò come operativi 3 *Panzer II*, 5 *Panzer III*, 51 *Panzer IV*, 65 *Panzer V Panther* e 23 *Panzer VI Tiger*, mentre in riparazione c'erano ancora 1 *Panzer II*, 1 *Panzer III*, 3 *Panzer IV*, 6 *Panzer V* e 4 *Panzer VI*. Due giorni dopo, i carri operativi erano 3 *Panzer II*, 6 *Panzer III*, 53 *Panzer IV*, 66 *Panther* e 23 Tigre. In quello stesso 9 settembre, le unità della *Leibstandarte* ricevettero l'ordine di posizionarsi davanti alle guarnigioni italiane del settore per ottenere il loro disarmo. L'occupazione di Milano fu affidata al *II.Abteilung*. I carristi del *I.Abteilung* incontrarono numerosi problemi meccanici con i loro *Panther*. Ogni spostamento o esercizio si concludeva con incendi, guasti ed altre avarie al motore, creando notevoli problemi all'officina riparazioni. A tal punto, che il 21 ottobre, tutti i *Panther* del *I./SS-Pz.Rgt. 'LSSAH'* furono caricati su piattaforme ferroviarie per raggiungere il deposito dell'arsenale dell'esercito di Burg (Magdeburgo-Königsborn). Questi mezzi, che erano stati consegnati tra il giugno ed il luglio 1943, furono qualificati come '*nicht frontverwendungsfähig*', cioè 'inutilizzabili al combattimento'. I carri dovevano essere ricontrollati e subire delle modifiche presso le officine *Demag* di Falkensee.

Il 22 ottobre, l'*SS-Panzer-Grenadier-Division 'Leibstandarte SS Adolf Hitler'* diventò, su ordine dell'*SS-FHA*, la *1.SS-Panzer-Division 'Leibstandarte SS Adolf Hitler'*. Di conseguenza, il reggimento corazzato diventò ufficialmente l'*SS-Panzer-Regiment 1 'LSSAH'*. Il 27 ottobre, del personale dei Tigre si recò ugualmente al deposito di Burg per prelevare dei carri Tigre per portarli all'unità. Nello stesso tempo, gli equipaggi di *Panther* presero in carico 34 nuovi mezzi il 30 ottobre, poi 41 il giorno dopo. Il 1° novembre 1943, 21 carri supplementari furono consegnati e questo nuovo rifornimento portò ad un totale di 96 carri ricevuti al posto dei 71 restituiti. Questo permise inoltre all'unità di poter formare un quarto plotone di 5 *Panther* in ciascuna *Panzer-Kompanie*. Per quanto riguardava l'*Abteilungs-Stab*, esso recuperò tre *Panther* con i quali fu possibile formare un plotone da ricognizione (*Aufklärungs-Zug*) su *Panther* con altri cinque carri.

Cap. VII) Ritorno sul fronte dell'Est

Nel frattempo, la *Leibstandarte* aveva ricevuto l'ordine di trasferimento sul fronte dell'Est, per fronteggiare la situazione critica in Ucraina. Solo le *Panzer-Kompanien* del *II./SS-Pz.Rgt.1* in quel momento erano operative e poterono essere inviate al fronte con il resto della divisione. I convogli con i *Panther* giunsero a scaglioni qualche giorno più tardi nel settore di Berditchev. I treni che trasportavano i Tigre recuperati a Burg raggiunsero Lemberg (Lviv) il 2 novembre, ma alla fine furono dirottati verso Paderborn su ordine diretto dell'*SS-FHA*. Con la partenza improvvisa per l'Ucraina, la *13.(schwere) Panzer-Kompanie* era stata organizzata su cinque plotoni, ciascuno su 5 Tigre, più altri due Tigre del *Kompanie-Trupp* (per il *Kompaniechef* ed il *Kompanietruppführer*). La *Leibstandarte* fu assegnata al *XLVIII.Panzer-Korps* del *General der Panzertruppen* Hermann Balck che aveva ricevuto l'ordine, dopo la caduta di Kiev il 6 novembre, di lanciare una controffensiva verso la capitale ucraina con una serie di attacchi successivi su Brusilov, Zithomir e Fastov.

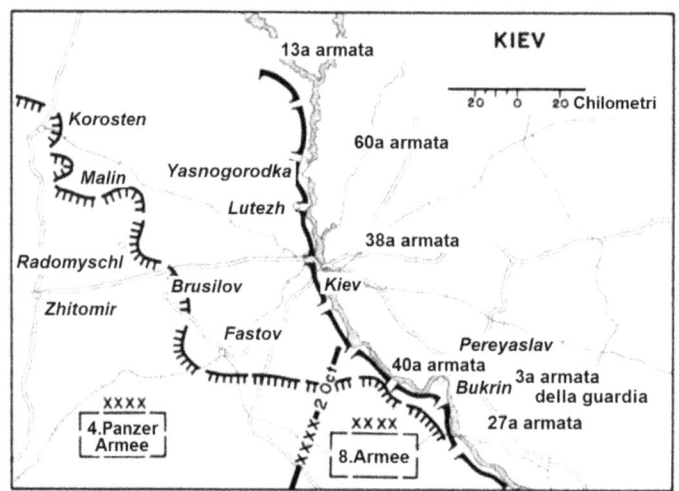

La situazione sul fronte ucraino tra l'ottobre ed il novembre 1943.

SS-Stubaf. Kuhlmann.

La divisione SS doveva contrattaccare in direzione di quest'ultima città, sul fianco meridionale dell'avanzata sovietica. L'8 novembre, le prime unità dell'*SS-Pz.Rgt.1* iniziarono ad arrivare alla stazione di Berditchev. Le compagnie si misero subito in movimento separatamente, con le strade trasformate in enormi pantani dalle piogge autunnali.

Un PzKpfw.IV con fanteria a bordo, novembre 1943.

I Panzer della Leibstandarte

Colonna di *Panther* in movimento in Ucraina, novembre 1943.

Il giorno dopo, del *I.Abteilung*, c'erano solo lo *Stab* dell'*SS-Stubaf.* Kuhlmann e l'equivalente di una *Panther-Kompanie* che era arrivata direttamente da Burg. I *Panther* dovettero essere dipinti di bianco, con la vernice applicata sullo *Zimmerit*. I numeri tattici dovevano ancora essere dipinti sulle torrette. Un *Kampfgruppe* 'Kuhlmann', comprendente 22 *Panther* operativi, due compagnie granatieri ed una compagnia pionieri su semicingolati, passò all'attacco il giorno dopo su Popielnia. Il terreno fangoso rallentò la progressione e fece consumare grandi quantità di carburante ai carri. Verso le 21:00, Kuhlmann riferì che il suo attacco era stato respinto. Dovette quindi ripiegare su Kamionka e chiese con urgenza un rifornimento di carburante.

Panther del *I./SS-Pz.Rgt.1* della *Leibstandarte* in marcia sul fronte ucraino, novembre 1943.

Panther e semicingolati in attesa di muovere all'attacco.

L'11 novembre, le posizioni di partenza per la controffensiva furono raggiunte dopo violenti combattimenti. L'*SS-Stubaf.* Kuhlmann rinnovò il suo attacco su Popielnia, che riuscì a conquistare verso le 9:30, dopo aver distrutto 4 carri nemici. Il corpo d'armata gli ordinò di effettuare un movimento di aggiramento a nord-est della

German Panther G 1943

località. L'ufficiale SS ricevette quindi l'ordine di occupare delle alture situate ad ovest di Fastov, a circa 25 chilometri dalla città. Verso mezzogiorno, il *Kampfgruppe* raggiunse le foreste vicine all'obiettivo, poi doveva raggiungere Kornin dopo aver prima rifornito di carburante i suoi carri.

Una colonna di *PzKpfw.IV* durante un attacco, novembre 1943.

SS-Oscha. **Konrad Heubeck.**

Il 13 novembre, il *Kampfgruppe 'Kuhlmann'* stabilì il collegamento con gli elementi corazzati della *1.Panzer-Division* a Balki, poi combatté dentro Kornin affrontando dei carri ed un battaglione di fanteria sovietici, che furono messi in fuga dopo un duro scontro. Il 15 novembre, il *I./SS-Pz.Rgt.1* fu trasferito a nord di Solovïevka. La *2.Panzer-Kompanie* dell'*SS-Ostuf.* Hans Stübing rivendicò la distruzione di 12 *T-34*, 1 *T-70* e 10 cannoni anticarro. Anche l'*SS-Oscha.* Konrad Heubeck si distinse particolarmente durante questi ultimi combattimenti. Il *XLVIII.Panzer-Korps* decise in seguito di attaccare verso nord, dal settore di Kornin, con l'obiettivo di tagliare la strada Kiev-Zithomir per colpire alle spalle i reparti sovietici. L'attacco riuscì e colse le forze del 1° Fronte Ucraino di sorpresa: la posizione di Solovïevka ed altre importanti località caddero nelle mani dei reparti SS. Il 17 novembre, il *II./SS-Pz.Rgt.1* dell'*SS-Stubaf.* Gross attaccò da quest'ultima località verso nord-est, poi girò per tagliare le retrovie nemiche. La posizione di Lutchine fu investita da elementi di fanteria appoggiati da 10 *Tiger* della *13.(schwere)/SS-Pz.Rgt.1*, che distrussero 5 *T-34* in un'ora di duri combattimenti. Il giorno dopo, i sovietici contrattaccarono in forze.

Panzer ed elementi del gruppo da ricognizione della *Leibstandarte*, novembre 1943.

SS-Ostubaf. Georg Schönberger.

Il *Kampfgruppe 'Kling'*, con i suoi *Tiger*, fu costretto a ripiegare verso ovest, poi riprese le sue posizioni il giorno dopo dopo aver distrutto altri 4 *T-34*. Nel frattempo le forze tedesche stavano progredendo: Zithomir fu conquistata dalla *1.* e dalla *7.Panzer-Division*. Era ora necessario annientare le forze sovietiche raggruppate intorno a Brusilov. Ma i sovietici lanciarono numerosi attacchi per riaprire la strada Kiev-Zithomir. Il 20 novembre, il comandante dell'*SS-Pz.Rgt.1*, l'*SS-Ostubaf.* Schönberger, rimase ucciso verso mezzogiorno da una scheggia durante un bombardamento del suo posto di comando a Solovïevka. Fu decorato con la Croce di Cavaliere a titolo postumo. Il *Divisionkommandeur* della *Leibstandarte*, l'*SS-Oberführer* Theodor Wisch, lo rimpiazzò con l'*SS-Sturmbannführer* Joachim Peiper, comandante del *III.(gep.)/SS-Pz.Gren.Rgt.2*. Una designazione che destò molto stupore, poiché l'ex aiutante da campo di Himmler non aveva mai servito nei reparti corazzati,

SS-Sturmbannführer **Joachim Peiper.**

né seguito un corso di formazione per comandare un reggimento! E così, mentre le divisioni del *XLVIII.Panzer-Korps* riportarono dei successi tattici, come la *19.Panzer-Division* che penetrò le linee nemiche e stabilì il collegamento con la *1.Panzer-Division* ad est di Brusilov, le unità della *Leibstandarte* furono rallentate da numerose posizioni difensive sovietiche stabilite intorno alle varie località da superare. Alla fine, i sovietici riuscirono così a bloccare l'offensiva della guardia personale di Adolf Hitler che, per la prima volta dall'inizio della guerra, non riuscì a portare a termine la sua missione! Il 23 novembre, l'*SS-Panzer-Regiment 1* riportò 23 *Panzer IV*, 15 *Panther* e 4 *Tiger* operativi. Il *Kampfgruppe 'Kraas'* passò all'attacco in direzione di Lasarovka, ma i *Panzer* all'avanguardia, tra cui quello dell'*SS-Oscha.* Siptrott (*7.Pz.Kp.*) furono duramente impegnati a Dubrovka. Il *Panzergruppe 'Peiper'* investì la posizione, poi conquistò di slancio il villaggio di Lasarovka, mentre il *I./SS-Pz.Rgt.1* rimase bloccato lungo la strada Privorotïe-Divin.

Tigre della *Leibstandarte* durante una difficile marcia tra il fango ucraino.

Il 24 novembre, il *Panzergruppe 'Peiper'* attaccò di nuovo finendo contro un *Pakfront* alla periferia di Starizkaïa, mentre dei carri sovietici lo attaccarono sui fianchi. Numerosi *Panzer* andarono perduti e 6 carri nemici furono distrutti. Jochen Peiper riuscì a giungere al centro della località, dove l'*SS-Oscha*. Hans Dauser, comandante di plotone nella *2.Panzer-Kompanie*, si distinse con il suo *Panther*. L'*SS-Stubaf*. Jochen Peiper riferì poco dopo di essere stato bloccato nella sua progressione davanti alla quota 185,4.

Una colonna di carri Tigre della *Leibstandarte* attraversa un villaggio ucraino, 1943.

Un *Panther* dell'*SS-Pz.Rgt.1* in marcia, novembre 1943.

Nuovi combattimenti

Il 26 novembre, il disgelo bloccò ogni movimento: Kiev non cadde ed i sovietici si rinforzarono nell'area ad est di Brusilov. La *Leibstandarte* doveva attaccare in direzione di Radomyschl il giorno dopo. Il 28, il *Kampfgruppe 'Kuhlmann'* (*I./SS-Pz.Rgt.1*) mosse in avanti e colpì sul fianco le posizioni sovietiche. Alle 14:00, i *Panther* stabilirono il collegamento a Potachnaïa con il gruppo da ricognizione della *1.Panzer-Division*. Il *Kampfgruppe 'Peiper'* con il resto dell'*SS-Panzer-Regiment 1* e l'*SS-Panzer-Aufklärungs-Abteilung 1*, si portò a sud di Radomyschl, poi girò su Garborov dove si attestò in posizione difensiva alla fine della giornata. Il giorno dopo, il *Kampfgruppe 'Peiper'* conquistò quest'ultima località dopo un'ora di combattimenti. Per contro, la *Leibstandarte* non riuscì a conquistare Radomyschl.

Alcuni *PzKpfw.IV* della *5./SS-Pz.Rgt.1* impegnati in combattimento sul fronte ucraino. Un carro T-34 colpito e bloccato, viene ispezionato da un soldato della *Waffen-SS*, novembre 1943.

Tra il 3 e il 5 dicembre, la *1.SS-Panzer-Division* riorganizzò le sue unità. L'*SS-Panzer-Regiment 1* riportò come operativi 4 *Panzer III* (1 in riparazione), 30 *Panzer IV* (44 in riparazione), 28 *Panzer V* (52 in riparazione) e 4 *Panzer VI* (21 in riparazione).

Una formazione di *PzKpfw.IV* in attesa di muovere all'attacco, novembre 1943.

La situazione al fronte continuò a restare molto critica, con la 60ª armata sovietica che minacciava il fianco sinistro del *XLVIII.Panzer-Korps* di Balck. Il 6 dicembre, le forze del corpo corazzato tedesco attraversarono la strada Zithomir-Korosten.

I Panzer della Leibstandarte

Tiger I in panzergrau Russia 1943

I Panzer della Leibstandarte

PzKpfw.IV impegnati in combattimento, dicembre 1943.

Un *Panther* con granatieri a bordo, durante un attacco.

La posizione di Styrty fu conquistata dal *Kampfgruppe 'Peiper'*, guidato dal suo comandante con degli assalti rapidi che sorpresero i sovietici poiché il loro sviluppo non corrispondeva alle normali tattiche tedesche, essendo un misto di tattiche di fanteria e di reparti corazzati. Peiper conquistò subito dopo Tortchin e rimase bloccato ad ovest di Tchaikovka davanti ad un importante *Pakfront*. L'*SS-Ustuf*. Wittmann si distinse nel suo Tigre, in particolare durante la penetrazione di questa linea anticarro davanti Andreïev. Il reggimento della *Leibstandarte* subì però nuove perdite: il comandante della 3./SS-Pz.Rgt.1, l'*SS-Ostuf*. Kurt Kleist, rimase ucciso a Sliptscizy insieme ad uno dei suoi comandanti di plotone, l'*SS-Ustuf*. Friedl Tibcke. Il 7 dicembre, l'*SS-Panzer-Regiment 1* fu impegnato a sud di Tchaikovka, ma i *Panzer* furono bloccati di nuovo da un fronte anticarro. Il *Panzer-Kampfgruppe 'Peiper'* deviò verso nord e conquistò Chodory. Il *Panther* '201' dell'*SS-Ostuf*. Hans Stübing penetrò dentro Sabolot, ma fu colpito da un proiettile anticarro e prese fuoco. L'ufficiale SS riuscì ad estrarre dalla torretta in fiamme il suo tiratore, mentre lui riportò gravi ustioni. L'*SS-Ostuf*. Gerhard Scharke, comandante della 5.*Panzer-Kompanie* e l'*SS-Ostuf*. Herbert Sprunk, della 7.*Panzer-Kompanie*, rimasero uccisi nel corso dei combattimenti per Sabolot, che fu conquistata al mattino dell'8 dicembre. Il *Panzer-Kampfgruppe 'Peiper'* distrusse o catturò 1 T-34, 8 pezzi di artiglieria, 61 cannoni anticarro da 76,2 mm, 1 cannone anticarro da 45 mm, 21 fucili anticarro, 55 mitragliatrici,

Reparti del *III.(gep.)/SS-Pz.Gr.Rgt.2* in un villaggio ucraino, in attesa di muovere all'attacco, dicembre 1943.

Un carro *T-34* colpito da un tiro diretto di un Tigre.

PzKpfw.IV impegnati in combattimento, dicembre 1943.

5 camion. 930 soldati sovietici furono uccisi e furono catturati solo 3 prigionieri! Il 9 dicembre, la *Leibstandarte*, bloccata dalla forte resistenza sovietica, sospese il suo attacco a nord-ovest di Radomyschl. L'*SS-Panzer-Grenadier-Regiment* 2 ed il *Panzer-Kampfgruppe 'Peiper'* furono impegnati verso est per un nuovo attacco. Il giorno dopo, Jochen Peiper eseguì un nuovo raid verso sud, nel corso del quale perse numerosi *Panzer*, per non aver lanciato delle ricognizioni e sottovalutato l'entità delle forze nemiche. Di conseguenza, l'*SS-Staf.* Teddy Wisch gli ordinò personalmente di fermare il suo attacco.

Il 14 dicembre 1943, il *Panzergruppe 'Peiper'* deviò e travolse le forze sovietiche lungo il fiume Teterev. La *Leibstandarte* spinse la sua avanzata fino a giungere a circa 3 chilometri dalla linea ferroviaria Kiev-Korosten. Il 18 dicembre, la divisione attaccò Meleni avendo come obiettivo la strada di Korosten. Il giorno dopo, l'*SS-Panzer-Regiment* 1 riportò come operativi 33 *Panzer IV*, 12 *Panzer V*, 7 *Panzer VI*. Alla fine della giornata, il *Panzergruppe 'Peiper'* conquistò Peremoga, ma restò bloccato a 1,5 Km ad est da un campo minato e da

I Panzer della Leibstandarte

Una colonna di *PzKpfw.IV* in marcia sul fronte ucraino, 1943.

Carri Tigre impegnati sul fronte ucraino, dicembre 1943.

Granatieri e carro *Panther* in attesa di muovere all'attacco.

un nuovo fronte anticarro: il *Panzer IV* dell'*SS-Ostuf.* Malchow fu distrutto e l'ufficiale SS rimase gravemente ferito. Verso mezzanotte, i carri di Peiper furono riforniti di carburante su un lato del terrapieno ferroviario quando una pattuglia individuò un'unità corazzata sovietica intenta a rifornirsi a sua volta, ma dall'altro lato del terrapieno. Peiper lanciò allora i suoi *Panzer* in avanti con un attacco a sorpresa di notte, riuscendo a distruggere numerosi carri nemici. Erano presenti anche alcuni Tigre operativi guidati dall'*SS-Ustuf.* Michael Wittmann, che aveva rimpiazzato l'*SS-Hstuf.* Kling, chiamato al comando del *II./SS-Pz.Rgt.1* per sostituire l'*SS-Stubaf.* Martin Gross rimasto ferito. Il 20 dicembre, la *Leibstandarte* annunciò la distruzione di 1.003 carri sovietici dall'inizio dell'anno. Al 21 dicembre, il *Panzer-Regiment* riportò come operativi 6 *Panzer IV*, 4 *Panzer V*, 2 *Panzer VI*. L'*SS-Stubaf.* Joachim Peiper, che operò con il suo raggruppamento corazzato nelle retrovie sovietiche, si distinse per i suoi impressionanti raid in profondità nell'eliminare numerose posizioni difensive, ma queste azioni furono nello stesso tempo costose in termini di materiali e personale. Forse troppo costose in rapporto ai risultati ottenuti, poiché questi successi tattici furono spesso locali e non ebbero un'incidenza decisiva tale da modificare il corso dei combattimenti in generale. Solo in seno al corpo ufficiali della divisione, si contarono 13 caduti tra il 21 novembre e il 21 dicembre 1943, senza contare i feriti gravi come l'*SS-Ostuf*. Hans Stübing. E così Joachim Peiper fu trasferito temporaneamente allo stato maggiore divisionale ed i pochi carri operativi furono posti sotto il comando dell'*SS-Stubaf*. Kuhlmann. L'*SS-Panzer-Regiment 1* disponeva in quel momento di pochi carri, essendo stato letteralmente decimato dopo un mese di impiego al fronte.

Una formazione corazzata tedesca sul fronte ucraino, dicembre 1943.

Joachim Peiper.

Un granatiere SS al riparo di un *PzKpfw.IV*.

Nella serata del 22 dicembre, grazie al lavoro dei meccanici dell'unità, erano operativi 12 *Panzer IV*, 9 *Panther* e 2 *Tiger*. Il giorno dopo, il gruppo di intervento corazzato della *Leibstandarte Adolf Hitler*, comprendente 16 *Panzer IV*, 7 *Panther*, 3 *Tiger* e i resti del *III.(gep.)/SS-Pz.Grenadier Regiment 2*, fu impegnato al fianco della *291.Inf.Div.* per respingere un attacco corazzato. Quattro *T-34* sovietici furono distrutti nel corso dei combattimenti.

I combattimenti per Berditchev

Il 24 dicembre, i resti della *Leibstandarte* furono trasferiti a sud di Zithomir. Un *Panzergruppe* agli ordini dell'*Oberst* von Mellenthin, comprendente 25 carri sotto il comando dell'*SS-Hstuf*. Kling, fu impegnato a sud di Chatrichtche.

I Panzer della Leibstandarte

SS-Ostuf. Helmut Wendorff.

SS-Ustuf. Michael Wittmann.

Granatieri e *PzKpfw.IV* in marcia.

Il 26 dicembre, 12 *Panther* del *I./SS-Pz.Rgt.1* riuscirono a distruggere 10 T-34, lamentando la perdita di due soli carri. Il giorno dopo la divisione SS stabilì una linea difensiva ad est di Berditchev. Dei *Panther* del *I.Abteilung* insieme ad alcuni elementi dell'*SS-Pz.Gren.Rgt.2* attaccarono verso Andruchevka, ma restarono bloccati a Ljassovka, da un massiccio fuoco di sbarramento nemico. In quella giornata, erano operativi 11 *Panzer IV*, 13 *Panther* e 5 Tigre. Al 28, il numero di carri operativi fu di 17 *Panzer IV*, 8 *Panther* e 4 Tigre. I sovietici lanciarono un massiccio attacco con l'obiettivo di tagliare la linea ferroviaria per dove passavano i rifornimenti per le forze tedesche impegnate in questo settore del Dnepr. Raggruppati a Tchubarovka, essi furono colpiti sul fianco da 13 *Panther* che distrussero 8 *T-34*. L'*SS-Ustuf.* Helmut Wendorff penetrò con alcuni Tigre nella località dove distrusse altri 11 carri nemici. Il giorno dopo, si distinse nuovamente distruggendo altri 11 carri sovietici. In due giorni, Wendorff aveva distrutto 10 *T-34* con il suo carro pesante, portando a 58 il numero delle sue vittorie totali! Da parte sua, l'*SS-Hstuf.* Pötschke riuscì, alla testa di alcuni *Panther*, a distuggere numerosi carri e a distruggere 5 dei 35 *T-34* che progredivano lungo la linea ferroviaria Zithomir-Berditchev, lamentando la perdita di due soli *Panther*. Al 31 dicembre, furono riportati operativi 12 *Panzer IV*, 7 *Panther* e 2 *Tiger*. Il 1° gennaio 1944, i carri della *Leibstandarte* furono impegnati solo in alcune operazioni locali, fronteggiando forze nemiche nettamente superiori. Furono in ogni caso conseguiti dei successi: un unico *Panther* in copertura riuscì a distruggere 4 degli 8 carri sovietici che attaccarono lungo la strada Voliza-Trajanov, mentre l'*SS-Ustuf.* Wendorff distrusse altri cinque *T-34*. I combattimenti si moltiplicarono nel settore di fronte tenuto dalla divisione nei giorni successivi. Il 7 gennaio, l'*SS-Stubaf.* Kuhlmann ricevette l'ordine di conquistare la quota 276,7, occupata dal nemico, una posizione importante dalla quale si dominava tutto il settore: alcuni *Panther* riuscirono a respingere un attacco dei sovietici, distruggendo 3

T-34. In quel momento erano operativi 6 *Panzer IV*, 11 *Panzer V* e 2 *Panzer VI*. Il giorno dopo, Kuhlmann si distinse nuovamente con il suo *Kampfgruppe* durante un contrattacco che permise di distruggere 33 *T-34* e 7 cannoni d'assalto. In quell'occasione, l'*SS-Ustuf.* Michael Wittmann distrusse il suo 60° carro!

Un carro Tigre al riparo di una casa, in posizione di agguato, gennaio 1944.

Granatieri tedeschi avanzano al seguito di un Tigre, 1944.

Il 9 gennaio, i *Panther* distrussero 8 *T-34* e 2 cannoni d'assalto ad est di Cherebki. Due Tigre agli ordini dello stesso Wittmann furono lanciati al contrattacco e distrussero altri 12 *T-34*, con l'ufficiale SS che ottenne la sua 66ª vittoria: questi nuovi successi gli valsero la raccomandazione per la Croce di Cavaliere. Alcune ore dopo, altri *Panzer V*, tenuti in riserva a Cherebki, distrussero altri 6 carri sovietici. Il 13, alcuni *Panzer* della *Leibstandarte* furono impegnati fino a Tchesnovka e nel corso dei combattimenti furono distrutti 37 carri e 7 cannoni d'assalto. Alle 23:20, i carri SS furono lanciati di nuovo al contrattacco con degli elementi del *Kampfgruppe 'von Künsberg'* e dell'*SS-Panzer-Grenadier-Regiment 1*: la linea del fronte fu ristabilita e Michael Wittmann rivendicò da solo la distruzione di 19 dei 37 *T-34* distrutti! L'asso era arrivato a totalizzare

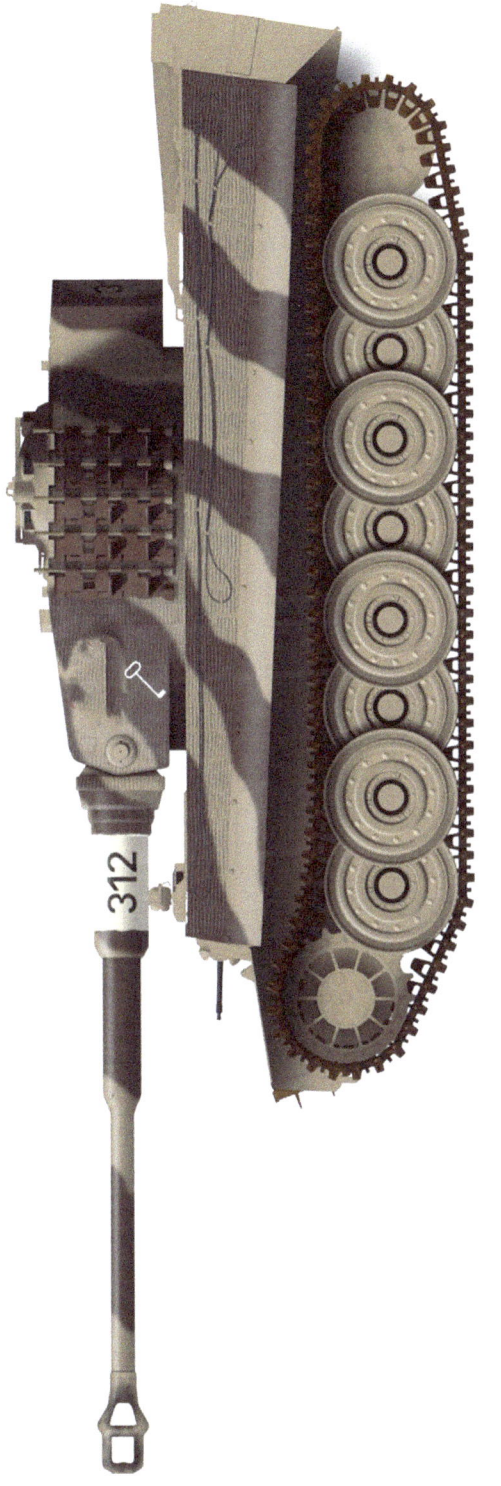

Tiger I in camouflage marking Russia 1943

88 vittorie, 80 delle quali con lo stesso tiratore, l'*SS-Rottenführer* Balthasar Woll.

Un Tigre impegnato in combattimento sul fronte ucraino.

SS-Rttf. **Balthasar Woll.**

Gennaio 1944: da sinistra, l'*SS-Obf.* Wisch, 'Bobby' Woll e Wittmann dopo la cerimonia per la consegna della *Ritterkreuz*.

Il giorno dopo, Wittmann ricevette la *Ritterkreuz* dalle mani del comandante Theodor Wisch, che lo aveva già proposto il giorno prima per la concessione delle Fronde di Quercia! Quanto all'*SS-Rttf.* Woll, fu a sua volta decorato con la Croce di Cavaliere il 16 gennaio 1944. Il 14 gennaio, il *Panzer-Kampfgruppe 'Das Reich'* impegnò alcuni suoi carri al fianco di quelli della *Leibstandarte*, a sud di Molotchki. Il giorno dopo, l'*SS-Panzer-Regiment 1* allineava come operativi 5 *Panzer IV*, 9 *Panzer V* e 5 *Panzer VI*. Il 16 gennaio, l'*SS-Stubaf.* Kuhlmann riuscì ad investire la periferia meridionale di Krasnopol con 4 *Panther* appoggiati dai fanti dell'*SS-Pz.Gren.Rgt.2*, distruggendo durante l'attacco almeno 6 carri nemici. Il giorno dopo, il *Panzergruppe* lanciò un nuovo attacco verso il centro di Krasnopol, continuando a distruggere altri numerosi carri nemici. La *schwere Panzer-Kompanie* dell'*SS-Pz.Rgt.1* era riuscita a distruggere 343 carri, 8 cannoni d'assalto, 255 cannoni anticarro e 20 pezzi di artiglieria in 14 settimane di combattimenti e almeno 146 carri e 125 cannoni anticarro tra il 5 dicembre 1943 al 17 gennaio 1944.

Una colonna di carri *Panther* del *I./SS-Pz.Rgt.1* in marcia sul fronte ucraino, gennaio 1944 (*Trang*).

Carri Tigre in marcia sul fronte ucraino, gennaio 1944.

Da parte sua, l'*SS-Panzer-Regiment 1* avrebbe distrutto 184 carri dei 288 accreditati alla *Leibstandarte* tra il 25 dicembre 1943 e il 18 gennaio 1944. I carri Tigre della *Waffen-SS* avevano inflitto severe perdite all'Armata Rossa!

Combattimenti ad est di Vinnitsa

La *Leibstandarte* fu rilevata tra il 19 e il 21 gennaio 1944. Il suo *Panzer-Regiment* allineava in quel momento 2 *Befehlspanzer III*, 25 *Panzer IV*, 22 *Panzer V* e 1 Tigre operativi. Il 25 gennaio, il *Kampfgruppe 'Kuhlmann'* attaccò Brizkoie, poi marciò su Otcheretnia. Tuttavia, i reparti SS trovarono una forte resistenza sovietica soprattutto il giorno dopo, nei pressi della quota 296,7. Il 27, l'*SS-Stubaf*. Kuhlmann, i cui carri erano sul punto di restare senza carburante, conquistò la stazione di Lipovez e si attestò in posizione difensiva. Alcuni *Panther* poterono ripiegare verso ovest dopo essere stati riforniti. Il secondo di Kuhlmann, l'*SS-Ustuf*. Gottfried Winterhoff, rimase ucciso in combattimento in quella giornata. Al 25 gennaio, l'*SS-Panzer-Regiment 1* allineava 16 *Panzer IV*, 9 *Panzer V* e 4

Panzer VI operativi. Il 28 gennaio 1944, l'*SS-Ustuf*. Michael Wittmann distrusse il suo 114° carro sovietico a bordo del suo Tigre. Il giorno dopo, il *Kampfgruppe 'Kuhlmann'* fu impegnato nella conquista della posizione di Babin.

PzKpfw.IV della *5.Kp./SS-Pz.Rgt.1* impegnati in combattimento, gennaio 1944..

Una formazione corazzata tedesca impegnata nel settore di Korsun, 1944.

Ma nel frattempo, il ripiegamento delle forze tedesche a Berditchev aveva permesso al 1° Fronte Ucraino di progredire verso sud e di creare una sacca nel settore Korsun-Cerkassy, dove restarono circondati circa 58.000 soldati tedeschi, raggruppati in seno al *Gruppe 'Stemmermann'*. Nei successivi giorni, tutti gli sforzi tedeschi furono quindi concentrati nel tentare di rompere l'accerchiamento dell'Armata Rossa intorno alle forze circondate in questa sacca. Il 30 gennaio, il *Kampfgruppe 'Kuhlmann'* fu impegnato a difendere la stazione di Oratov, mentre l'*SS-Ostuf*. Wittmann fu decorato con le Fronde di Quercia con ben 117 carri nemici distrutti al suo attivo. Il giorno dopo, la *Leibstandarte* fu infine rilevata e trasferita nel settore del *III.Panzer-Korps*. I resti del *II./SS-Pz.Rgt.1* giunsero nella nuova zona assegnata il 3 febbraio. In quel momento l'*SS-Pz.Rgt.1* allineava 13 *Panzer IV*, 11 *Panzer V* e 3 *Panzer VI* operativi. Il 6 febbraio, il *Kampfgruppe 'Kuhlmann'* marciò su Tinovka con 9 *Panther*, 2 Tigre con elementi dell'*SS-Pz.Gren.Rgt.2*. Il giorno dopo, affrontò una decina di carri sovietici, distruggendone sette. Il *Kampfgruppe* rimase con otto *Panther* e Tigre operativi.

Wittmann con le Fronde di Quercia.

SS-Hstuf. Werner Pötschke.

L'11 febbraio, restavano operativi 3 *Panzer IV* e 4 *Panzer V*. Il 15, l'*SS-Ostuf*. Wendorff ricevette la *Ritterkreuz* e il 17 febbraio fu la volta dell'*SS-Stubaf*. Kuhlmann, come ricompensa dei risultati conseguiti dal suo *Kampfgruppe* sul fronte ucraino. L'*SS-Hstuf*. Kling, che aveva al suo attivo la distruzione di 46 carri nemici con il suo Tigre, ricevette a sua volta la *Ritterkreuz* il 23 febbraio 1944.

Sul fronte della Galizia

All'inizio di marzo, la *1.SS-Pz.Div. 'Leibstandarte'* fu trasferita alle dipendenze del *XLVIII.Panzer-Korps* dislocato intorno a Tarnopol. Il 3 marzo, i sovietici lanciarono una massiccia offensiva e penetrarono le linee della divisione. Il giorno dopo, un *Kampfgruppe*, comprendente elementi di varie unità ed alcuni carri sempre sotto il comando dell'*SS-Stubaf*. Kuhlmann, fu lanciato in battaglia per colmare le brecce. Il 6 marzo, la *Leibstandarte* fu rinforzata dallo *schwere Panzer-Abteilung 503*, comprendente 15 Tigre, che operarono con gli 11 *Panther* e i 6 Tigre dell'*SS-Pz.Rgt.1*. I carri tedeschi coprirono la ritirata delle altre unità, lamentando però perdite: alla sera del 7 marzo erano rimasti operativi solo 6 *Panther* e 2 Tigre. Nelle retrovie, i meccanici riuscirono a rimettere in sesto numerosi mezzi e così il giorno dopo erano opertivi 10 *Panther* e 4 Tigre. Il 9 marzo, i reparti della *Leibstandarte* furono duramente impegnati lungo la linea Gaidaika - Klininy. Venne quindi formato un nuovo *Panzergruppe* e Kuhlmann ricevette l'ordine di aprire la strada principale fino a Manatchin. A bordo del suo *Panther*, l'*SS-Hstuf*. Pötschke lanciò un violento attacco con altri 10 *Panther*, 4 Tigre più altri 4 Tigre dello *s.Pz.Abt.503*: il villaggio di Losova fu conquistato e subito dopo anche le alture a nord della stessa località. Pötschke riuscì a mantenere in seguito queste posizioni malgrado i successivi contrattacchi nemici. Alla fine della serata, erano operativi 8 *Panzer V*, 5 *Panzer VI* e 4 Tigre dello *s.Pz.Abt.503*. Tra il 4 e il 12 marzo, la *Leibstandarte Adolf Hitler* aveva distrutto 35 *T-34*, 3 *KV-1*, 5 cannoni d'assalto e 19 pezzi di artiglieria. Ma le sue perdite erano state ugualmente alte: al 14 marzo, il *Panzer-Regiment* della divisione era rimasto con soli 4 *Panther* e 2 Tigre, con 4 ufficiali, 4 sottufficiali e 25 soldati.

Un Tigre della *Leibstandarte*, marzo 1944.

Reparti corazzati tedeschi superano un convoglio, marzo 1944.

Al 1° aprile, la situazione non era migliorata e cosa più grave, la *1.Panzer-Armee*, alla quale la *Leibstandarte* era aggregata, era rimasta circondata nella sacca di Kamenets-Podolsky, dopo un'offensiva congiunta del 1° e del 2° Fronte Ucraino. Tuttavia, il *II.SS-Panzer-Korps*, comprendente la *9.SS-Pz.Div.* e la *10.SS-Pz.Div.*, fu trasferito dalla Francia, riuscendo ad allentare la morsa sovietica a Buczacz, permettendo il ripiegamento della *1.Panzer-Armee*. La *Leibstandarte* era completamente provata: dopo cinque mesi di combattimenti continui ed una ritirata spossante, gli ultimi effettivi dell'*SS-Pz.Rgt.1* furono aggregati al *Gruppe 'Balck'* l'8 aprile. Il 12, fu stabilito il collegamento con degli elementi della *'Frundsberg'* e l'operazione di rilievo fu completata. Gli ultimi uomini dell'*SS-Pz.Rgt.1* impegnati in Ucraina riuscirono a raggiungere la regione di Bruxelles.

I Panzer della Leibstandarte

Cap. VIII) Sul fronte occidentale

A partire dal 25 aprile 1944, la *1.SS-Pz.Div. 'Leibstandarte'* fu subordinata al *I.SS-Panzer-Korps* dell'*SS-Ogruf.* Josef Dietrich nelle Fiandre. L'*SS-Panzer-Regiment 1* fu acquartierato nel settore di Hasselt. La riorganizzazione del reggimento era stata ordinata nell'aprile 1944, secondo la struttura 'tipo 1943', con due battaglioni su quattro *Panzer-Kompanien* con 22 mezzi. Ma, all'inizio del 1944, il calo drastico nella produzione dei mezzi corazzati da parte dell'industria tedesca, non poteva garantire l'equipaggiamento di tutte le unità. Il potenziale offensivo dell'*SS-Panzer-Regiment 1* fu così notevolmente ridotto in rapporto alla sua struttura prima del suo impiego in Ucraina.

Fiandre, primavera 1944: L'*SS-Ostuf.* **Fritz Steipart, consegna decorazioni a carristi della 5.Kp./SS-Pz.Rgt.1, che si erano distinti nei precedenti combattimenti (NARA).**

L'*SS-Ostubaf.* **Joachim Peiper, 1944.**

Le Panzer-Kompanien del *I.Abteilung* dovettero così essere equipaggiate con 17 *Panther* (tre plotoni di cinque mezzi) invece dei 22 precedenti. Da parte sua, il *II.Abteilung* rimase equipaggiato con 96 *Panzer IV* (22 per compagnia e 8 per lo stato maggiore e la *Stabs-Kompanie*). Il reggimento dovette inoltre cedere i suoi Tigre: la *schwere Panzer-Kompanie* fu disciolta ed il suo personale trasferito allo *schwere SS-Panzer-Abteilung 101*. In queste condizioni, l'*SS-Ostubaf.* Joachim Peiper incontrò notevoli difficoltà a rimettere in piedi il suo *Panzer-Regiment*. I carristi furono addestrati come fanti in attesa di ricevere i loro mezzi. All'inizio di maggio, l'*SS-Ustuf*. Reiser si recò a Mailly-le-Camp per recuperare 50 *Panzer V Panther*. Malgrado l'arrivo di un importante contingente di reclute dell'*SS-Panzer-Ausbildung-und Ersatz-Regiment* di Riga, il personale dell'*SS-Pz.Rgt.1* non riuscì a raggiungere il 100% dei suoi effettivi. Inoltre, la fornitura dei carri tardava ancora.

Un *PzKpfw.IV* della *7.Kp./SS-Pz.Rgt.1* durante la riorganizzazione in Belgio, giugno 1944.

Il *Befehlspanzer IV* di Joachim Peiper (NARA).

Di fatto, l'istruzione individuale fu possibile solo a livello di ciascun posto dell'equipaggio, senza nessun esercizio a livello di battaglione o di reggimento. Al 1° giugno 1944, l'*SS-Panzer-Regiment 1* disponeva di 42 *Panzer IV* e 38 *Panther* operativi. Altri 8 *Panzer IV* erano in riparazione. Tuttavia, la *Leibstandarte* precisò in un rapporto del 4 giugno 1944 che il suo reggimento corazzato disponeva solo di una compagnia operativa di 17 *Panzer V* e di una seconda di 22 *Panzer IV*, cioé un quarto dei suoi effettivi. Altri convogli con materiali arrivarono nel corso del mese di giugno, quando dei treni carichi con rispettivamente 33 e 20 *Panzer IV* lasciarono i depositi l'8 e il 17 giugno con destinazione il settore di Hasselt. Numerosi altri convogli carichi con *Panther* furono destinati alla *LSSAH* tra il 14 e il 29 giugno. In totale, l'*SS-Panzer-Regiment 1* avrebbe potuto allineare in Normandia 103 *Panzer IV* e 72 *Panther*, con altri mezzi che sarebbero arivati solo nel corso del mese di luglio.

Alcuni mezzi corazzati della *Leibstandarte* per le strade di Parigi, giugno 1944.

Un carrista della *Leibstandarte* a Parigi.

Trasferimento in Normandia

Il 6 giugno 1944, gli Alleati sbarcarono in Normandia. Malgrado la *Leibstandarte* non fosse ancora operativa, l'unità fu messa in allerta, ma si mosse solo a partire dal 9, dislocata ad est di Bruges, in riserva, a sud della bocca dello Schelda a disposizione della *15.Armee*. Ingannati dall'intelligence alleata, gli alti comandi tedeschi credevano infatti che il vero sbarco nemico sarebbe avvenuto nel passo di Calais, mentre quello avvenuto in Normandia era solo un diversivo. Infatti, la *Leibstandarte* ricevette il suo ordine di trasferimento per la Normandia solo il 17 giugno, quando il *Panzer-Regiment* fu caricato su vagoni-piattaforma. Il traffico ferroviario era fortemente contrastato dai bombardamenti dell'aviazione alleata e dai continui agguati e sabotaggi della resistenza francese, per cui le unità furono scaricate più ad est e dovettero raggiungere su strada il fronte normanno, perdendo altro tempo prezioso.

Solo i convogli con i *Panzer* proseguirono verso ovest così come quelli con il personale del treno logistico. E così, il 22 giugno 1944, il *I./SS-Pz.Rgt.1* fu trasferito a bordo di sei trasporti e scaricato nell'area ad est di Rouen.

Un *Panther* della *Leibstandarte* in una strada di Parigi, giugno 1944.

Un *Panther* del *I./SS-Pz.Rgt.1* in marcia.

Ma si trattava solo di alcuni elementi e non di tutta l'unità. Altri *Panther* furono scaricati a nord di Parigi e alcuni nella capitale stessa. Quanto al *II.Abteilung*, i suoi elementi furono scaricati dai vagoni nel settore della scuola di Saint-Cyr, dei *Panzer IV* della *5.Panzer-Kompanie* furono scaricati a Parigi il 21 giugno, mentre altri mezzi dell'unità furono scaricati proprio a sud-ovest di Caen. Una volta scaricati dai vari convogli ferroviari, i *Panzer* dovevano raggiungere il fronte con i propri mezzi e marciare

I Panzer della Leibstandarte

Carristi della *Waffen-SS* in attesa di ricevere ordini, 1944.

Un *Panther* della *Waffen-SS* sul fronte normanno, 1944.

Un cannone d'assalto completamente ricoperto di fogliame.

di notte per evitare gli attacchi aerei alleati, cosa che li costrinse a stare nascosti nelle zone boscose durante il giorno. Il grosso del *II.Abteilung* progredì sulla *Route Nationale 12* e raggiunse Argentan dalla RN 24 intorno al 22 giugno. La notte seguente, il battaglione marciò sulla RN 158, attraversò Falaise e girò verso ovest in direzione della foresta di Cinglais, tra Bretteville-sur-Laize e Caen, dove i reparti della *Leibstandarte* dovevano raggrupparsi.

Impiego nell'area a sud di Caen

Al 1° luglio 1944, l'*SS-Panzer-Regiment 1* allineava 30 *Panzer IV* e 25 *Panzer V Panther* operativi, mentre altri 73 *Panzer IV* e 38 *Panther* erano in riparazione. Mentre alcune unità della *1.SS-Pz.Div. 'LSSAH'* furono impegnate dal 29 giugno, l'*SS-Pz.Rgt.1* fu posto in riserva nelle retrovie del fronte di Caen nelle prime due settimane di luglio. In conseguenza dei nuovi attacchi alleati nell'ambito dell'operazione *'Jupiter'* lanciata dal maresciallo Montgomery, le *Panzer-Kompanien* del *II.Abteilung* si misero in marcia tra il 10 e il 12 luglio per essere posizionati in vista di un impiego nel perimetro della quota 112. Tra il 15 e il 17 luglio, il *I.Abteilung* dell'*SS-Stubaf*. Kuhlmann prese posizione ad est della RN 158, nel settore del bocage nei pressi di Secqueville. Il 16 luglio, il 2° plotone della *5./SS-Pz.Rgt.1* agli ordini dell'*SS-Ustuf*. Günter Pflughaupt dovette appoggiare la *9.SS-Pz.Div.*

Un *PzKpfw.IV* della *Waffen-SS* in posizione di agguato.

Equipaggio di un *PzKpfw.IV* della *Leibstandarte*, 1944.

'Hohenstaufen' per un attacco su Baron. Senza una ricognizione preventiva e senza un appoggio adeguato di fanteria, i 4 *Panzer IV* furono distrutti in pochi minuti davanti la quota 112. Il giorno dopo, il reggimento riportò come operativi 59 *Panzer IV* e 46 *Panther*. Il 18 luglio, i britannici lanciarono l'operazione *'Goodwood'* facendola precedere da un massiccio bombardamento dell'aviazione, seguito da un altrettanto massiccio fuoco di preparazione della loro artiglieria, colpendo in particolare il terreno ad est e a sud-est di Caen. I carri britannici avanzarono dietro la linea ferroviaria Caen-Paris. I *Panther* del *I./SS-Pz.Rgt.1*, in posizione nel settore Bras-Bourguébus, li affrontarono ai piedi della cresta di Bourguébus, tra Hubert-Folie e Soliers. I tredici mezzi della *2.Kompanie* agli ordini dell'*SS-Ostuf.* Hans Malkomes riuscirono a distruggere 20 carri nemici in pochi minuti ed investirono quest'ultima località. Verso mezzogiorno, tutto il *I./SS-Pz.Rgt.1* fu impegnato tra le posizioni di Bras e Bourguébus contro la *11th Armoured Division*: una quarantina di carri nemici furono distrutti. La divisione corazzata britannica fu respinta al di là della linea ferroviaria e lasciò sul terreno

almeno 126 mezzi distrutti distrutti dalle varie unità tedesche nel settore. La *Leibstandarte Adolf Hitler* perse da parte sua una decina di *Panther*. La linea di creste ad est di Bourguébus era chiaramente un obiettivo dei Britannici e le azioni difensive proseguirono anche il giorno dopo: 2 *Panther* ben mimetizzati della 4.*Kompanie* difesero con successo un'altura per diverse ore. Il 20 luglio, dei *Panzer IV* della 5. e della 6./*SS-Pz.Rgt.1* entrarono in azione a loro volta in questo settore.

Il comandante di un *Panther* del I./*SS-Pz.Rgt.1* osserva il campo di battaglia alla ricerca dei carri nemici durante i combattimenti in Normandia, estate 1944 (*Collezione Michael Cremin*).

SS-Ustuf. **Werner Wolff (BA).**

Due giorni dopo, i *Panther* della 1.*Panzer-Kompanie* dell'*SS-Hstuf*. Pötschke furono impegnati lungo la RN 158 e proseguirono su Ifs dopo aver penetrato una prima linea nemica. Il 25 luglio, il *2nd Canadian Corps* lanciò l'operazione *'Spring'*. La *Leibstandarte* respinse gli assalti alleati su Tilly-la-Campagne, impegnando soprattutto i *Panzer* della 5.*Kompanie*, che riuscirono ad infliggere pesanti perdite agli attaccanti. Poi, improvvisamente il fronte si stabilizzò. Nella serata del 31 luglio, l'*SS-Panzer-Regiment 1* riportò come operativi 61 *Panzer IV* e 40 *Panther*, mentre 14 *Panzer IV* e altrettanti *Panther* erano in riparazione. Il 1° agosto, il settore di Tilly-la-Campagne si infiammò nuovamente. La località fu bombardata pesantemente, poi due battaglioni di fanteria canadesi tentarono di investirla con l'appoggio dei carri. Ma tutti gli assalti furono respinti dai *Panzer IV* della 7./*SS-Pz.Rgt.1* dell'*SS-Ostuf*. Werner Wolff, in parte nascosti tra le macerie.

I Panzer della Leibstandarte

SS-Stubaf. Jochen Peiper.

Un *PzKpfw.IV* in Normandia.

Numerosi equipaggi si distinsero nel corso dei combattimenti che durarono diverse ore. Gli scontri per questa località proseguirono ancora per diversi giorni. Il 2 agosto, l'*SS-Ostubaf.* Peiper lasciò il fronte per ragioni di salute. Ufficialmente, egli lamentava dei problemi epatici (soffriva al fegato), ma si trattava in realtà di una depressione nervosa. L'*SS-Stubaf.* Kuhlmann riprese dunque il comando del reggimento, rimpiazzato alla testa del *I.Abteilung* dal *Kompaniechef* della *1./SS-Pz.Rgt.1*, l'*SS-Hstuf.* Werner Pötschke. Questo cambio di comando non ebbe alcuna incidenza sullo svolgimento dei successivi combattimenti. Infatti, la natura del terreno, il *bocage* normanno, non permetteva un impiego massiccio dei carri e le *Panzer-Kompanien* impegnavano i loro plotoni singolarmente. I comandanti di compagnia non avevano dunque una grande influenza sul corso delle battaglie.

La controffensiva di Mortain

Il 5 agosto, l'*SS-Panzer-Regiment 1* riportò operativi 57 *Panzer IV* e 46 *Panther*. La *Leibstandarte* fu rilevata in quella stessa giornata per essere raggruppata a nord di Falaise. Da questo settore, la divisione doveva raggiungere un nuovo fronte più ad ovest, per fronteggiare gli americani e partecipare alla cosiddetta operazione *'Lüttich'*, conosciuta anche come controffensiva di Mortain. L'obiettivo era quello di tagliare le retrovie americane nel settore di Avranches e di isolare le forze di Patton impegnate a sud della penisola di Cotentin. L'offensiva tedesca fu lanciata il 7 agosto 1944: il *I.Abteilung* e la *5.Kompanie* dell'*SS-Pz.Rgt.1* furono aggregati alla *2.Panzer-Division* a sud-est di Sourdeval. Nel settore di Saint-Barthélemy, le operazioni non si svolsero favorevolmente per i *Panther* dell'*SS-Hstuf.* Pötschke. I carri erano in marcia attraverso uno stretto sentiero quando un aereo americano piombò sul *Panzer* in testa, bloccando così tutta la colonna corazzata. Furono necessarie due ore ai *Panther* per districarsi dall'intasamento creato e riprendere la marcia verso il loro obiettivo. La *1.Kompanie* agli ordini dell'*SS-Ostuf.* Friedrich Christ passò all'attacco contro Saint-Barthélemy, ma un terribile fuoco difensivo americano bloccò i *Panzer*. L'*SS-Hstuf.* Pötschke fu impegnato personalmente nei combattimenti ed alla fine gli americani abbandonarono la località sotto la pressione tedesca. Il *I./SS-Pz.Rgt.1* proseguì la sua avanzata verso sud, approfittando di una spessa bruma, che però iniziò a diradarsi subito dopo, favorendo l'intervento dei caccia bombardieri alleati. I reparti americani passarono quindi al contrattacco.

Un *Panther* della *Leibstandarte* impegnato durante la controffensiva di Mortain, 1944.

Un carro *Panther* della *Leibstandarte* in Normandia.

Il giorno dopo, elementi dell'*SS-Panzer-Grenadier-Regiment* 2, appoggiati da alcuni carri, tentarono di nuovo di penetrare nel settore di Saint-Barthélemy e giunsero a Juvigny. Ma l'offensiva tedesca fu abbandonata definitivamente il 10 agosto. Infatti, in seguito alla penetrazione della 3rd US Army ad Avranches, la minaccia di accerchiamento diventò reale per le unità tedesche del settore. La *1.SS-Panzer-Division 'LSSAH'* dovette ripiegare verso est.

La sacca di Falaise

Il 12 agosto, la *Leibstandarte Adolf Hitler* fu subordinata al *Panzergruppe 'Eberbach'* e si ritrovò nel settore di La Ferté-Macé. Le sue colonne finirono sotto il fuoco dell'artiglieria alleata nel settore di Domfront. Al 13 agosto, la divisione allineava come operativi 14 *Panzer IV* e 7 *Panther*, con i quali doveva difendere la linea La Ferté-Macé-Carrouges-Chahains.

Panther tedeschi impegnati sul fronte di Normandia, agosto 1944.

SS-Ostuf. **Josef Armberger.**

L'*SS-Ostuf.* Josef Armberger, comandante della *8./SS-Pz.Rgt.1*, si distinse durante i combattimenti con le forze americane nel settore di Rânes e di Mesnil-Angot. Poi il lento movimento del ripiegamento proseguì sotto la protezione degli ultimi *Panzer* operativi del reggimento: il 16 agosto, nel triangolo Faverolles-St.Georges-Rânes, i resti dell'*SS-Pz.Rgt.1* si raggrupparono il giorno dopo a St.André-de-Briouze e St.Hilaire-de-Briouze, mentre altri elementi erano già a Trun. Circondati nella sacca di Falaise, le unità della *7.Armee* e del *Panzergruppe 'Eberbach'* tentarono di fuggire da essa come potevano. Per la *Leibstandarte*, le operazioni per l'uscita dalla sacca iniziarono nella notte tra il 18 e il 19 agosto. Tra il 20 e il 21, la maggior parte degli elementi riuscirono a ripiegare attraverso il famoso 'corridoio della morte' a Saint-Lambert-Coudehard. Ma l'*SS-Stubaf.* Herbert Kuhlmann rimase ferito nel corso dell'azione e l'*SS-Ostuf.* Amberger, invece rimase ucciso. Alla fine, numerosi *panzer* furono abbandonati lungo la strada fino a Rouen e pochi furono i mezzi tedeschi che riuscirono ad essere trasferiti in salvo sull'altra sponda della Senna.

Cap. IX) Nuova riorganizzazione

Dopo aver attraversato la frontiera tedesca alla fine di settembre, gli elementi dell'*SS-Pz.Rgt.1*, agli ordini dell'*SS-Hstuf*. Werner Pötschke, furono tra le prime unità a raggiungere il settore di Siegburg. Il *I.Abteilung* era a Dellbrück, Holweide e Brück, nei pressi di Colonia, mentre gli elementi del *II.Abteilung* erano invece disseminati tra le località di Birk, Geber, Bergisch Gladbach, Breidt-Deesen e Pohlhausen. All'inizio di ottobre, il *Panzer-Regiment* insediò il suo posto di comando a Rahden e le *Panzer-Kompanien* furono dislocate tra Oppendorf, Oppenwehe e Wehdem.

L'*SS-Ostubaf*. Joachim Peiper, a sinistra, con altri ufficiali dell'*SS-Pz.Rgt.1* durante una cerimonia ufficiale al campo di Rahden nel novembre 1944. Sullo sfondo un carro *Panther*.

L'*SS-Ostubaf*. Peiper consegna decorazioni.

L'*SS-Ostubaf*. Peiper lasciò l'ospedale di Tegern il 7 ottobre e riprese il comando del reggimento una settimana più tardi. Pötschke ritornò al comando del *I./SS-Pz.Rgt.1* e l'*SS-Hstuf*. Paul Guhl assunse il comando del *II.Abteilung*. L'istruzione delle nuove reclute iniziò subito ma mancava il materiale per ricostituire l'unità. Peiper riorganizzò il suo reggimento in modo drastico, ben cosciente che non avrebbe ricevuto tutti i carri attesi.

Un *Flakpanzer IV 'Wirbelwind'* della *10.Flak-Kompanie*.

Un *Flakpanzer IV 'Ostwind'*, **novembre 1944**.

Un battaglione misto (*gemischte*) fu costituito a Wietzendorf, nei pressi del campo di Münster, con la *1.* e la *2.Panzer-Kompanie* su *Panther* e la *6.* e *7.* su *Panzer IV*. Una *10.Flak-Kompanie*, agli ordini dell'*SS-Ostuf*. Karl-Heinz Vögler, fu costituita con due plotoni equipaggiati con due *Flakpanzer IV 'Wirbelwind'* e due *Flakpanzer IV 'Ostwind'* e di un terzo plotone su *Sd.Kfz. 7/1* armati con una *Flakvierling 38* da 20mm. La *9. (Pionier)-Kompanie* rimase agli ordini dell'*SS-Ostuf*. Erich Rumpf. Infine, lo *schwere SS-Panzer-Abteilung 501*, con le sue tre compagnie su *Tiger II*, fu di nuovo aggregato al reggimento della *LSSAH*, come rimpiazzo del *II.Abteilung*, che non poté essere riorganizzato integralmente. Da menzionare infine l'*SS-StuG.Abt.1*, sempre agli ordini dell'*SS-Hstuf*. Karl Rettlinger, che fu trasformato in questo stesso periodo nell'*SS-Panzerjäger-Abteilung 1*, poiché i suoi cannoni d'assalto dovevano essere sostituiti con dei *Jagdpanzer IV*, dei caccia carri costruiti su telai dei *PzKpfw.IV* e con un cannone da 75mm. Il 29 novembre, la divisione ricevette i suoi nuovi ordini: essa doveva partecipare all'operazione '*Wacht am Rhein*'. Al 1° dicembre, l'*SS-Panzer-Regiment 1* riportò operativi 33 *Panzer IV* (sui 109 teorici) e 34 *Panther* (sui 79 teorici), ma erano previste altre forniture di carri. Tredici giorni più tardi, la *Leibstandarte* si ritrovò sulle sue posizioni di partenza, nella foresta di Blankenheim: Peiper apprese che la sua unità sarebbe stata l'avanguardia dell'offensiva. Doveva approfittare dell'effetto sorpresa per portarsi sulle retrovie nemiche senza preoccuparsi di proteggere i suoi fianchi e raggiungere la Mosa nel più breve tempo possibile, tra Liegi e Huy. L'ufficiale SS si vide assegnare il comando di un raggruppamento tattico, il famoso '*Kampfgruppe Peiper*', comprendente il *I./SS-Pz.Rgt.1* (*SS-Stubaf*. Pötschke), lo *schwere SS-Panzer-Abteilung 501* (*SS-Ostubaf*. von Westernhagen), il *III.(gep.)/SS-Pz.Gren.Rgt.2* (*SS-Hstuf*. Diefenthal) e il *I.(gep.)/SS-Pz.Art.-Rgt.1* (*SS-Hstuf*. Kalischko). Il 15 dicembre, il giorno prima dell'inizio dell'offensiva, il *I./SS-Pz.Rgt.1* disponeva come operativi 37 *Panzer IV* e 38 *Panther*, mentre lo *schwere SS-Panzer-Abteilung 501* ricevette 11 *Tiger II* supplementari ceduti dallo *schwere Panzer-Abteilung 509*, ciò che gli permise di allineare un totale di 45 mezzi corazzati.

Cap. X) L'offensiva nelle Ardenne

Il 16 dicembre 1944, alle 5:00 del mattino, fu lanciata l'ultima grande offensiva tedesca sul fronte occidentale. Sul fronte del *I.SS-Panzer-Korps*, i reparti della *12.Volks-Grenadier-Division* non riuscirono ad aprire la strada al *Kampfgruppe Peiper* nei tempi stabiliti. L'*SS-Ostubaf*. Peiper andò su tutte le furie che poté dare l'ordine di attacco solo alle 16:30: il suo raggruppamento tattico raggiunse infine Losheim alla fine della giornata. L'*SS-Ostuf*. Sternebeck, della *6.Panzer-Kompanie*, dovette portarsi in testa alla colonna, guidando un'avanguardia corazzata (*Panzerspitze*) di 2 *Panther* e 5 *Panzer IV*. Peiper, che non voleva perdere tempo, proseguì invece su Lanzerath, dove arrivò poco prima di mezzanotte.

A sinistra, reparti corazzati tedeschi in un villaggio delle Ardenne, in attesa di muovere all'attacco, dicembre 1944. A destra, un *Panther* dell'*SS-Pz.Rgt.1* in marcia.

Un Tigre reale dello *schw.SS-Pz.Abt.501* mentre attraversa il villaggio di Tondorf alla vigilia dell'offensiva.

I paracadutisti del *I./Fallschirmjäger-Regiment 9* furono aggregati al *Kampfgruppe* come fanteria di accompagnamento. Il raggruppamento tattico giunse successivamente a Buchholz, poi a Honsfeld, dove furono catturati 15 pezzi anticarro, 80 camion e 50 veicoli da ricognizione alleati. Da parte tedesca andarono persi 2 *Panther* e 2 *Flakpanzer*. Il *Kampfgruppe* deviò dal suo itinerario previsto e passò per Büllingen, per rifornire i suoi veicoli di carburante in un deposito americano. Peiper poi ritornò sul suo itinerario assegnato e superò Möderscheid, Ondenval e Thirimont.

Elementi del *Kampfgruppe Peiper* penetrano dentro Honsfeld.

Un *Flakpanzer IV 'Wirbelwind'* dell'*SS-Pz.Rgt.1* a Honsfeld.

Panther dell'*SS-Pz.Rgt.1* all'entrata di Stoumont.

La colonna corazzata giunse quindi all'incrocio di Baugnez e catturò 140 soldati americani della *Battery B* del *285th Field Artillery Observation Battalion* dopo un breve combattimento. I carri tedeschi ripresero la loro marcia verso Ligneuville, lasciando alcuni mezzi a sorvegliare i prigionieri. Poco dopo si udirono degli spari: 84 prigionieri di guerra furono uccisi. L'*SS-Stubaf.* Pötschke aveva certamente dato l'ordine di aprire il fuoco; Joachim Peiper sarà accusato per crimini di guerra per queste esecuzioni dopo la guerra. Il *Kampfgruppe 'Peiper'* in quel momento si ritrovò pericolosamente frammentato e quindi gli fu ordinato di raggrupparsi subito dentro Ligneuville. L'unità aveva perso nel frattempo 3 *Panther* e 3 *Panzer IV*, mentre altri 8 *Panther* e 4 *Panzer IV* erano rimasti bloccati a causa di guasti meccanici. Anche il battaglione pesante di *Tiger II* lamentò perdite.

Il 18 dicembre 1944, fu lanciato l'attacco contro Stavelot da parte dei *Panther* del *1./SS-Pz.Rgt.1* dell'*SS-Ostuf.* Karl Kremser, con la città che divenne teatro di violenti combattimenti con i soldati americani. I ponti sul fiume Amblève erano stati distrutti, per cui Peiper dovette proseguire su La Gleize, dove il *Kampfgruppe Knittel* doveva stabilire il collegamento con lui. Ma i reparti americani penetrarono nuovamente dentro Stavelot, tagliando le unità di Peiper e di Knittel dalle loro linee arretrate, isolandole così completamente!

Un Tigre reale del *Kampfgruppe Peiper* supera una colonna di prigionieri americani catturati nelle Ardenne.

Un *Panther* del *Kampfgruppe Peiper* dentro Stoumont.

Un comandante di *Panther* ordina l'attacco, dicembre 1944.

Il 19 dicembre, dei *Panther* attaccarono Stoumont, ma restarono bloccati da un massiccio fuoco scatenato dai pezzi anticarro nemici. Sotto il fuoco, l'*SS-Stubaf.* Pötschke giunse a rimproverare il suo subalterno, l'*SS-Ostuf.* Christ ed i suoi uomini, per fargli riprendere l'assalto. Pötschke risalì nel suo *Panther* per prendere la testa, ma l'attacco fu bloccato nuovamente. In preda ad un attacco di rabbia, scese di nuovo dal suo carro, recuperò un *Panzerfaust* e minacciò di tirare sui carri che ripiegavano! Il suo gesto servì allo scopo: i *Panther* riuscirono a penetrare nella città sparando: furono catturati 150 prigionieri, 4 cannoni antiaerei, 5 pezzi anticarro pesanti e 4 *Sherman*, dopo due ore di combattimenti. Rimasto impressionato dal comportamento di Pötschke, Peiper lo raccomanderà in seguito per la concessione delle Fronde di Quercia per la sua Croce di Cavaliere. Tuttavia, la conquista di Stoumont non poté essere sfruttata, poiché il *Kampfgruppe* era rimasto senza carburante e munizioni. Circondato a nord del saliente delle Ardenne, i suoi *panzer* erano dislocati intorno a La Gleize in posizione difensiva. Un tentativo di rifornimento per via aerea non ebbe successo, così come un tentativo del *Kampfgruppe Hansen* su fiume. Alla fine della giornata del 22, il *I.SS-Panzer-Korps* chiese il ritiro del *Kampfgruppe Peiper*, ma la *6.Panzer-Armee* non lo autorizzò. Il giorno dopo, Peiper decise di abbandonare tutto il suo equipaggiamento e di raggiungere le linee tedesche a piedi. Il suo *Kampfgruppe* lasciò così 45 carri (25 *Panther*, 10 *Panzer IV* e 10 *Tigre*), una sessantina di *SPW* e altri veicoli dietro di lui.

Panther **impegnati in combattimento sul fronte delle Ardenne, dicembre 1944.**

Jochen Peiper con la Croce di Cavaliere con Fronde di Quercia e Spade.

Con un migliaio di superstiti, ossia un terzo dei suoi effettivi iniziali, l'*SS-Ostubaf*. Peiper passò attraverso i boschi il 24 dicembre e riuscì a raggiungere le posizioni del *I.SS-Panzer-Korps* ad est di Wanne. Malgrado non avesse portato a termine la sua missione, Peiper fu raccomandato per le Spade per la sua Croce di Cavaliere con Fronde di Quercia. In definitiva, solo la 6. e la *7.Panzer-Kompanie*, così come la *1.* e la *3./schwere SS-Panzer-Abteilung 501* avevano conservato i loro mezzi poiché non avevano attraversato il fiume Amblève. Ufficialmente disciolto il 26 dicembre 1944, il *Kampfgruppe Peiper* rivendicò la distruzione di 27 carri americani, 15 autoblindo, 35 semicingolati, 14 aerei, 50 pezzi anticarro pesanti, 12 cannoni antiaerei e 180 veicoli a ruota. Completamente esausto e molto provato fisicamente per poter continuare a combattere, l'*SS-Ostubaf*. Peiper fu nuovamente e temporaneamente assegnato allo stato maggiore divisionale. A partire dal 27 dicembre, i reparti della *1.SS-Pz.Div. 'LSSAH'* furono impegnati nel settore di Bastogne. Sul campo, l'*SS-Stubaf.* Pötschke riprese il comando effettivo dell'*SS-Pz.Rgt.1*, che disponeva in quel momento di 26 *Panzer IV*, 16 *Panther* e 33 Tigre dello *s.SS-Pz.Abt.501* operativi.

SS-Stubaf. Werner Pötschke.

Panther tedeschi impegnati nell'area a sud di Bastogne.

Granatieri e *Panzer* nell'area di Bastogne, gennaio 1945.

Un *Jagdpanzer IV* distrutto nel settore di Bastogne, 1945.

Un attacco fu lanciato dalla divisione dell'*SS-Oberführer* Wilhelm Mohnke il 30 dicembre con l'obiettivo di tagliare il corridoio di Bastogne. Il *Kampfgruppe Pötschke* conquistò la posizione di Lutrebois, ma gli americani riuscirono subito dopo a bloccare i suoi movimenti con il massiccio fuoco della loro artiglieria e con i numerosi attacchi da parte dei loro caccia bombardieri. La ripresa della progressione dei reparti tedeschi fu bloccata ugualmente anche il giorno dopo. Poi gli americani passarono a loro volta all'attacco e respinsero i reparti tedeschi. Le perdite subite dall'*SS-Pz.Rgt.1* nel settore di Bastogne furono di 7 *Panzer IV*, 4 *Panther* e 2 *Tiger II*. Il 10 gennaio 1945, i *Kampfgruppen* della *Leibstandarte* furono minacciati di accerchiamento e furono costretti a ripiegare ad est di Saint-Vith. Il 15 gennaio, la *Leibstandarte* fu ritirata dalla zona dei combattimenti e trasferita nel settore Colonia-Siegburg-Euskirchen-Bonn.

I Panzer della Leibstandarte

Cap XI) Sul fronte ungherese

Dopo il fallimento della controffensiva nelle Ardenne, Hitler decise di trasferire la *6.Panzer-Armee* di Sepp Dietrich sul fronte ungherese per proteggere i campi petroliferi di Nagykanisza, essendo le ultime risorse naturali indispensabili per il proseguimento della guerra. La riorganizzazione della *Leibstandarte* dovette quindi essere accelerata e si svolse tra il 20 ed il 30 gennaio 1945. Il *I./SS-Pz.Rgt.1* ricevette di rinforzo gli equipaggi senza carri del *II.Abteilung*. Nello stesso tempo, l'*SS-Ostuf*. Wolff assunse il comando della *1.Kompanie* e l'*SS-Hstuf*. Malkomes riprese quello della *2.Kompanie*. Come carri operativi c'erano 21 *Panzer IV* e 25 *Panther*, mentre altri 9 *Panzer IV* e 10 *Panther* erano in riparazione.

Reparti corazzati tedeschi nella pianura ungherese durante le prime azioni offensive nel febbraio 1945. In primo piano sulla destra un semicingolato *SdKfz.251* armato con un pezzo anticarro.

L'*SS-Ostubaf*. Peiper sul fronte ungherese.

L'ordine di trasferimento verso est giunse subito dopo. Ma al 1° febbraio, solo sei convogli giunsero in Ungheria con degli elementi dell'*SS-Pz.Rgt.1* e dello stato maggiore divisionale. Al 12 febbraio 1945, il reggimento corazzato riportava come operativi 21 *Panzer IV* e 34 *Panther*, ai quali bisognava aggiungere 3 *Panzer IV* e 2 *Panther* in riparazione. Era attesa anche una nuova fornitura di 10 *Panzer IV* e 5 *Panther*. Lo *schwere SS-Panzer-Abteilung 501*, sempre aggregato all'*SS-Panzer-Regiment 1*, disponeva di 15 *Tiger II* operativi e 11 in riparazione. Il 15 febbraio, un *Panzergruppe* agli ordini dell'*SS-Ostubaf.* Peiper venne formato con il *I.(gemischte) Abteilung*, il *III.(gep.)/SS-Panzer-Grenadier-Regiment 2*, degli elementi del *I./SS-Panzer-Artillerie-Regiment 1* e lo *s.SS-Pz.Abt.501*. La prima offensiva tedesca in Ungheria fu lanciata il 17 febbraio (Operazione *Südwind*), ma le colonne motorizzate furono bloccate dal fango e dalla neve.

Tiger II e semicingolati del *Panzergruppe Peiper* **lanciati all'attacco sul fronte di Gran, 1945.**

Panther della Leibstandarte sul fronte ungherese, febbraio 1945.

Malgrado tutto, i reparti del *Kampfgruppe Peiper* e della *46.Infanterie-Division* riuscirono alla fine a conquistare la sponda occidentale del canale Gran su entrambi i lati della posizione di Giwa. Il giorno dopo, lo stesso *Kampfgruppe Peiper* attraversò il corso d'acqua e proseguì verso sud, per tagliare la strada Köbölkut-Parkany alle forze sovietiche che battevano in ritirata. Nell'occasione, furono inflitte al nemico severe perdite. I *Panzer* si attestarono poi in posizione difensiva per la notte, per qualche ora di riposo. Il 19 febbraio, il *Panzergruppe* riprese la marcia e raggiunse la strada di Parkany, subendo numerosi attacchi da parte dei caccia bombardieri sovietici. Il giorno dopo, il *Panzergruppe* attaccò lungo il fiume Gran e conquistò la posizione di Köhidgyarmat il 21 febbraio. I *Panther* e i *Tigre*, essendo dei carri con maggiore consumo di carburante, dovettero alla fine fermarsi, in attesa dei rifornimenti. Il 25 febbraio, i reparti della

I Panzer della Leibstandarte

Leibstandarte iniziò a lasciare il settore di Gran per raggrupparsi a nord di Komàrom. In quel momento il *Panzergruppe* aveva come operativi 12 *Panzer IV*, 11 *Panther* e 4 *Tiger II*.

Granatieri e *panzer* della *Waffen-SS* durante i combattimenti per la testa di ponte sul fiume Gran.

L'operazione risveglio di primavera

Un *Panther*, visibile parzialmente in primo piano, ed un *Tiger II* dello *s.SS-Pz.Abt.501* impegnati sul fronte ungherese, 1945.

La *Leibstandarte* raggiunse in seguito il settore Veszprem-Zirc a partire dal 1° marzo per partecipare all'offensiva sul lago Balaton, il cui obiettivo principale era quello di riprendere i pozzi di petrolio ungheresi conquistati dai sovietici. Al 5 marzo, l'*SS-Panzer-Regiment* allineava 14 *Panzer IV*, 26 *Panther* e 15 *Jagdpanzer IV*. Tutti i *Panzer IV* passarono sotto il comando dell'*SS-Ostuf*. Sternebeck. L'offensiva fu lanciata il 6 marzo. Il *Panzergruppe 'Pötschke'* rimase bloccato a 2 Km ad ovest della quota 149 e perse numerosi veicoli a causa delle mine. Il giorno dopo, fu conquistata Kaloz da sud e proseguì verso nord per appoggiare l'*SS-Pz.Gren.Rgt.1* a Soponya. Il 9 marzo, la temperatura si abbassò, facendo gelare il fango sulle strade, ma il *Panzergruppe* rimase bloccato dopo aver raggiunto le alture situate intorno a Janos Major. Il giorno seguente, almeno due *Panzer IV* furono distrutti davanti Simontornya. L'11 marzo, la

Leibstandarte rimase ancora bloccata davanti a questa località malgrado un colpo di mano tentato dall'*SS-Ustuf*. Hermann Gerdes, lanciato con tre *Panther*. Quest'ultimo passò tutta la notte nel suo mezzo a combattere contro la fanteria sovietica dopo la distruzione degli altri due *Panther*.

Panther Ausf. G del I./SS-Pz.Rgt.1 **in marcia sul fronte ungherese, marzo 1945.**

Un *SdKfz.251* ed un *PzKpfw.IV* della *Leibstandarte*.

Al mattino seguente, i carri dell'*SS-Ostuf*. Werner Sternebeck si lanciarono contro Simontornya sparando con tutte le loro armi senza sosta: la località fu conquistata, ma cinque *Panzer IV* furono distrutti. Il 16 marzo, arginati completamente gli attacchi tedeschi, i sovietici lanciarono una grande controffensiva tra Bicske e il lago Velencze. Il giorno dopo le linee tedesche furono penetrate e questo segnò la fine definitiva dell'offensiva della 6.*Panzer-Armee* in Ungheria. Per tentare di colmare le brecce aperte dai sovietici, l'*Heeresgruppe 'Süd'* ordinò l'intervento del *I*. e del *II.SS-Panzer-Korps* in questo settore. A tal scopo, il grosso dell'*SS-Panzer-Regiment 1* raggiunse senza troppi problemi l'area intorno a Dég il 18 marzo. In quel momento, il *Panzergruppe* di Joachim Peiper disponeva ancora di 16 carri operativi e di altri 38 in riparazione, così come di 8 Tigre. Le strade erano intasate dalle numerose colonne in ritirata, insieme ai civili che fuggivano, sotto il fuoco incessante dell'artiglieria sovietica.

Granatieri della *Waffen-SS* al seguito di un Tigre reale durante i combattimenti in Ungheria.

Un *Panther* attraversa un villaggio ungherese incrociando numerosi relitti di veicoli e carri sovietici distrutti, marzo 1945.

Il comandante della 1.Panzer-Kompanie, l'*SS-Ostuf*. Wolff, fu colpito da una scheggia di mortaio a 2 chilometri da Inota mentre era nella torretta del suo *Panther 101*. Morì per le gravi ferite subite il 20 marzo. In questa stessa giornata, il *Kampfgruppe 'Sternebeck'* rimase isolato più ad est con 6 *Panzer IV* e 2 *Tiger* della 1./schwere SS-Panzer-Abteilung 501, senza alcun collegamento radio con Peiper. Ormai tutti gli sforzi della Leibstandarte risultarono vani: Inota fu conquistata dai sovietici. L'*SS-Uscha*. Roman Clotten si distinse nel suo *Panzer IV* distruggendo 7 carri sui 19 rivendicati dalla 7./SS-Pz.Rgt.1. La divisione SS distrusse in totale 66 carri nemici, ma lamentò da parte sua altrettante numerose perdite. Fu in questo momento che l'*SS-Stubaf*. Kling assunse il comando dello *schwere SS-Panzer-Abteilung 501* sostituendo l'*SS-Stubaf*. Heinz von Westernhagen, che rimase ucciso poco dopo da un tiro dell'artiglieria sovietica mentre si recava al posto di comando del corpo corazzato.

I Panzer della Leibstandarte

SS-Ostubaf. **Heinz von Westernhagen.**

SS-Hstuf. **Hans Malkomes.**

Dopo la conquista di Varpalota da parte dei sovietici il 21 marzo, i 16 carri dell'*SS-Panzer-Regiment 1* stabilirono uno sbarramento difensivo sulla strada Varpalota-Veszprem con i resti dell'*SS-Panzer-Grenadier-Regiment 1*. Ma subirono un nuovo duro colpo quando l'*SS-Hstuf.* Malkomes, comandante della 2.*Kompanie*, rimase ucciso mentre era in torretta al suo *Panther*.

Il giorno dopo, l'attacco della 6ª armata corazzata della guardia si scontrò in pieno con il *Panzergruppe 'Pötschke'*, che aveva ricevuto l'ordine di mantenere la strada di Veszprem aperta a tutti i costi. La giornata successiva fu terribile per l'*SS-Pz.Rgt.1*, che perse quattro dei suoi ufficiali, tra cui Pötschke, gravemente ferito ad una gamba. Morì il giorno dopo, rifiutandosi di farsela amputare. Tutti i *Panther* passarono quindi sotto il comando dell'*SS-Hstuf.* Otto e i *Panzer IV* sotto quello dell'*SS-Hstuf.* Klingelhöfer. Il 27 marzo, il *Panzergruppe* lanciò uno dei suoi ultimi contrattacchi nel settore di Noszlop.

Il 30 marzo, i reparti della *Leibstandarte* si ritrovarono a difendere il territorio del *Reich*. Dopo aver ripiegato su Wiener Neustadt, vi stabilirono una nuova e improvvisata linea difensiva nella giornata del 1° aprile.

Gli ultimi combattimenti in Austria

Il *Panzergruppe* recuperò 10 *Panzer IV* di nuova produzione in una stazione e lanciò un contrattacco, bloccando una formazione corazzata sovietica a Katzeldorf e nei pressi di Neudörfl. L'*SS-Ostuf.* Werner Sternebeck assunse il comando dei resti del reggimento corazzato della *Leibstandarte*. Con i sovietici concentrati nella conquista di Vienna, gli ultimi elementi dell'*SS-Pz.Rgt.1* respinsero degli attacchi nemici nel settore di Pottenstein e Berndorf per diversi giorni. L'8 aprile, l'*SS-Ostubaf.* Peiper riorganizzò la sua unità in tre *Kampfgruppen*. Quello comandato personalmente da lui, fu impegnato nel settore Hainfeld-Treisen con alcuni *Panther* e *Tiger II*. Il *Kampfgruppe 'Kling'*, comprendente alcuni *Tiger II* dello s.*SS-Pz.Abt.501*, equipaggi del *II.Abteilung* e altri reparti minori, fu impegnato nel settore di Wilhelmsburg. Il *Kamfgruppe 'Sternebeck'*, comprendente gli ultimi *Panzer IV* della 6. e 7.*Panzer-Kompanie*, fu impegnato nella vallata di Triesting, a Fahrafeld,

SS-Ostuf. **Werner Sternebeck.**

L'*SS-Ostubaf.* **Peiper in Austria, 1945.**

Weissenbach, Neuhaus e Altenmarkt. Il 10 aprile, i sovietici lanciarono una nuova offensiva in direzione di St-Pölten. Al mattino del 13, il *II.(gemischte)./SS-Pz.Rgt.1* dell'*SS-Stubaf.* Guhl, senza nemmeno un carro operativo, giunse da Rahden per essere impegnato come un'unità di fanteria. Il giorno dopo, l'*Einsatzgruppe 'Peiper'* ripiegò sulla linea Laaben-Stössing. Il 18, uno dei suoi ultimi contrattacchi dal settore di Hainfeld si risolse con la distruzione di 15 carri nemici. Il 19, i sovietici tentarono di prendere sul fianco il *I.SS-Panzer-Korps* e costrinsero i tedeschi ad abbandonare Wilhelmsburg, malgrado l'*Einsatzgruppe 'Peiper'* fosse riuscito a bloccare localmente gli attaccanti a Rotheau. Il 21 aprile, il *Gruppe 'Kling'* ripiegò su Rotheau e quello di Peiper su Wiesental. Il giorno dopo, i resti della *Leibstandarte* continuarono a ritirarsi verso sud.

La fine della guerra era ormai vicina: il 2 maggio, su ordine del *I.SS-Panzer-Korps*, il fronte era tenuto solo da piccoli *Kampfgruppen*. Era necessario raggiungere la linea di demarcazione sul fiume Enns e arrendersi ai reparti americani.

L'8 maggio, i resti della *Leibstandarte* si raggrupparono nel settore Scheibbs-Puchenstuben e da qui raggiunsero Steyr, sull'Enns, passando per Waidhofen e St-Peter.

L'*SS-Uscha*. Mayer registrò l'ultima vittoria su un carro della *1.SS-Panzer-Division* in quella stessa giornata: fu il suo 22° carro nemico distrutto nel corso della guerra, la maggior parte dei quali sul suo *Panther* della *1./SS-Pz.Rgt.1*. Da parte sua, Peiper tentò di sfuggire alla cattura con il suo amico, l'*SS-Stubaf.* Paul Guhl, ma cadde nelle mani alleate nei pressi di Schliersee il 28 maggio 1945.

Bibliografia

- **Fonti primarie**

Archivi pubblici
Bundesarchiv Berlin Lichterfelde, Germania
Bundesarchiv-Militärarchiv Freiburg, Germania
U.S. National Archives Washington, Stati Uniti

Riviste e pubblicazioni dell'epoca
Rivista *Signal*, varie edizioni e vari numeri
Rivista *Das Schwarze Korps*, vari numeri

- **Fonti secondarie: libri pubblicati**

Sulla Waffen SS in generale
G. Bernage, "*Charkow. Le corps blindé contreattaque*", Editions Heimdal, 1998
F. Duprat, "*Les campagnes de la Waffen SS*", Les Sept Couleurs
Willy Fey, "*Armor battles of the Waffen-SS*", Stackpole Books
P. Hausser, "*Waffen SS im Einsatz*", Plesse Verlag, Göttingen 1953
R. Kaltenegger, "*The Mountain troops of the Waffen SS*", ed. Schiffer
E. G. Kraetschmer, "*Die Ritterkreuztraeger der Waffen-SS*", Preussisch Oldendorf 1982.
H. Landemer, "*La Waffen SS*", Balland, 1972
R. Lumsden, "*la vera storia delle SS*", Newton & Compton Editori
K. Margry, "*The Four Battles for Kharkov*", Num. 112 Serie After the Battle
Georg Maier, "*Drama zwischen Budapest und Wien*", J. J. Fedorowicz Publishing, Inc.
G.H. Stein, "*The Waffen-SS: Hitler's Elite Guard at War 1939-1945*", Cornell University Press
G. Tessin, "*Verbande und truppen der deutschen Wehrmacht und Waffen-SS*", Biblio Verlag
C.Trang, "*Dictionnaire de la Waffen SS*", Volume 1-4, Editions Heimdal
G. Williamson,"*Storia Illustrata delle SS*", Newton & Compton editori

Sulla *Leibstandarte Adolf Hitler*
Massimiliano Afiero, "*Leibstandarte SS Adolf Hitler 1933-1943*", Ass. Cult. Ritterkreuz
Massimiliano Afiero, "*Leibstandarte SS Adolf Hitler 1943-1945*", Ass. Cult. Ritterkreuz
P. Agte, "*Jochen Peiper, Kommandeur Panzerregiment Leibstandarte*", Kurt Vowinckel Verlag
R. Butler, "*SS-Leibstandarte: the history of the first SS division 1933-45*", Amber Books, 2001
T. Fischer, "*Das Panzer-Artillerie-Regiment 1 LAH an allen Fronten 1940-1945*", Podzun-Pallas
T. Fischer, "*Von Berlin bis Caen. Entwicklung und Einsätze der Divisions-und Korps-Artillerie der LAH 1939-1945*", Helios Verlag, 2004
R. Lehmann, "*Die Leibstandarte: vol.1-3*", Munin Verlag, Osnabrück, 1977-1982
R. Lehmann, R. Tiemann, "*Die Leibstandarte: vol.IV/1-2*", Munin Verlag, Osnabrück, 1986
R. Lehmann, "*Die Leibstandarte im Bild*", Munin Verlag, Osnabrück, 1983
J. Lucas, M. Cooper, "*Hitler's Elite: Leibstandarte SS*", Macdonald & Jane's, London 1975
K. Meyer, "*Grenadiers*", J.J.Fedorowicz Publishing, 1994
G. Nipe, R. Spezzano, "*Platz der Leibstandarte*", RZM Publishing, 2002
R. Tiemann, "*Chronicle of the 7.Panzer-Kompanie 1.SS-Panzer-Division 'LSSAH'*", Schiffer Publishing, 1998

C. Trang, "*Leibstandarte 1933-1942*", Editions Heimdal
C. Trang, "*Leibstandarte 1943-45*", Editions Heimdal
H. Walther, "*Die 1.SS-Panzerdivision*", Podzun-Pallas Verlag, 1987
J. Westmeier, "*Joachim Peiper. A biography of Himmler's SS commander*", Schiffer Publishing

Pubblicazioni periodiche

Rivista *Der Freiwillige*: alcuni numeri
Rivista *Fronti di Guerra*, bimestrale dedicato alle formazioni dell'Asse: alcuni numeri
Batailles & Blindés, Hors série numero 31, "*Leibstandarte, Das Reich, Totenkopf, les régiments blindés de la SS-Panzerwaffe*", settembre-ottobre 2016, Caraktère SARL

- **Siti Internet dedicati alle forze armate tedesche durante la Seconda Guerra Mondiale**

http://www.feldgrau.com
http://www.axishistory.com
http://www.lexikon-der-wehrmacht.de
http://www.okh.it
http://www.maxafiero.it
http://www.corazzati.it

- **Riferimenti fotografici**

Associazione Culturale Ritterkreuz
Bundesarchiv, Germania (BA)
Washington, D.C. National Archives and Records Administration (NARA)
Berlin Document Center (BDC)
Istituto di Storia Moderna di Lubiana (MZNS)
Filmati Deutsche Wochenschau (DW)
HTM Budapest
Imperial War Museum (IWM)
Munin Verlag

Collezioni private

Massimiliano Afiero
Michael Cremin
Massimiliano Falconi
Horst Schumann
Pierre Tiquet
Charles Trang
Herbert Walther

INDICE

I Panzer della Leibstandarte 1940-1945 5
Cap. I) I cannoni d'assalto della LSSAH 7
    Fronte dell'Est 9
Cap. II) Il reggimento corazzato.. 14
    Formazione del Panzer-Abteilung... 16
    La Schwere Kompanie 19
    Addestramento e formazione dei reparti 20
Cap. III) Sul fronte di Kharkov 23
    La riconquista di Kharkov 30
    La conquista di Bjelgorod 36
Cap. IV) Riorganizzazione dei reparti... 38
Cap. V) Operazione Zitadelle 40
Cap. VI) Riorganizzazione in Italia 47
Cap. VII) Ritorno sul fronte dell'Est 50
    Nuovi combattimenti... 56
    I combattimenti per Berditchev 62
    Combattimenti ad est di Vinnitsa 67
    Sul fronte della Galizia 69
Cap. VIII) Sul fronte occidentale 71
    Trasferimento in Normandia 73
    Impiego nell'area a sud di Caen 75
    La controffensiva di Mortain 78
    La sacca di Falaise 79
Cap. IX) Nuova riorganizzazione 81
Cap. X) L'offensiva nelle Ardenne 83
Cap XI) Sul fronte ungherese 88
    L'operazione risveglio di primavera 90
    Gli ultimi combattimenti in Austria 93
Bibliografia.. 95

I Panzer della Leibstandarte

TITOLI PUBBLICATI - ALREADY PUBLISHING

www.ingramcontent.com/pod-product-compliance
Ingram Content Group UK Ltd.
Pitfield, Milton Keynes, MK11 3LW, UK
UKHW060216240426